AF339854

LA

CROIX
DE
SAINT-JACQUES

DRAME EN SIX TABLEAUX, PRÉCÉDÉ D'UN PROLOGUE

Par M. Joseph BOUCHARDY

MUSIQUE DE M. MANGEANT

ET PRÉFACE DE L'AUTEUR SUR LE MAGNÉTISME

Représenté pour la première fois, à Paris, sur le théâtre de la GAITÉ,
le 15 décembre 1849.

PRIX : 60 CENTIMES.

PARIS

BECK, LIBRAIRE

RUE GIT-LE-CŒUR, 12

TRESSE, successeur de J.-N. BARBA, Palais-National.

1849.

PRÉFACE.

Avant d'entreprendre une pièce de théâtre, dans laquelle le magnétisme noue et dénoue l'action, j'ai dû me livrer à des études magnétiques ; je l'ai fait avec autant de conscience que d'intérêt ; je ne m'en suis rapporté qu'à ma pratique personnelle, et n'ai puisé les effets somnambuliques de la Croix de Saint-Jacques, que dans des faits accomplis.

Aujourd'hui que ma pièce a été jouée, différents reproches me sont adressés, ou plutôt différentes observations me sont faites relativement à l'idée excentrique ou étrange pour les uns, vraie ou curieuse pour les autres, qui a présidé à la conception de cette pièce.

Comme, en pareil cas, la discussion n'est pas celle d'une critique littéraire que j'écoute toujours sans réclamation, j'ai à cœur de signaler ces observations et d'y répondre.

La première question posée dans la discussion est celle-ci : « Le magnétisme est-il ou n'est-il pas ?.. Son existence est-elle un fait... ou une supposition que quelques hommes veulent faire passer à l'état de réalité ?. » A ceux qui refusent de croire qu'il y a dans certains individus une puissance magnétique, dans certains autres, une nature apte à en recevoir les effets, et que du contact de ces deux natures, il résulte un sommeil merveilleux qui a des facultés incroyables, je ne puis (sans avoir la prétention de changer leur conviction) je ne puis, dis-je, que leur répondre ceci sur ma parole.

J'ai produit moi-même, sur une moins grande échelle, et dans une moindre mesure, tous les phénomènes qui nouent et dénouent ma pièce. J'ai observé, d'abord avec surprise et terreur, puis avec application ensuite, l'inconcevable puissance du magnétiseur sur le somnambule et la surprenante abnégation du somnambule en présence du magnétiseur. J'ai vu aussi que le sommeil est pour le somnambule comme une existence particulière dans laquelle il rentre toutes les fois qu'il est endormi, et qu'il quitte toujours sans souvenir au réveil.

J'ai éprouvé enfin, que lorsque le magnétiseur et le somnambule ont tous deux le même ardent désir, et qu'un même intérêt puissant les anime, la force du magnétiseur double de puissance et que le sommeil du somnambule devient pénétrant, lucide et souvent téméraire, jusqu'au point d'épouvanter le magnétiseur.

Or, j'ai mis dans le cœur de Rachel et de Ben-Sadi le même ardent désir de sauver le généreux Daniel... J'ai mis près d'eux, d'un côté la mort... et de l'autre le salut... et fusionnant alors leurs facultés réciproques dans une situation extrême, et pareille pour chacun d'eux, j'ai pu pousser sans illogisme la force du magnétiseur et la témérité de la somnambule jusqu'à l'extrême... Mais non pas, je le certifie, jusqu'à l'exagération.

D'autres, qui croient aux effets du magnétisme, ou qui doutent avec une flottante incertitude, me disent : « Vous avez employé le magnétisme dans votre pièce, d'accord... Mais vous vous en servez au XIIe siècle, et alors il était inconnu ou il n'existait pas. »

Je commence par m'étonner, je l'avoue, que ceux qui croient au magnétisme aujourd'hui, n'aient jamais cherché à se rendre compte des extases de Madame Guyon, de l'insensibilité des convulsionnaires, de la pénétration de Cagliostro, etc... Et puisqu'ils reconnaissent que le magnétisme est inhérent à l'homme, et que c'est un phénomène qui puise son existence dans le mystère sublime de l'âme et de la vie, ils doivent naturellement penser que le magnétisme a dû naître avec l'âme et la vie... et que Mesmer n'en a pu être que le révélateur, mais non pas l'inventeur.

J'étais, il y a quelque temps, témoin d'une conversation qui avait lieu entre un magnétiseur et un de ses amis, qui, vigoureusement ému en face de l'évidence, admettait le magnétisme, mais se dédommageait en refusant de croire qu'il avait pu être signalé ou pratiqué avant Mesmer. Et le magnétiseur qui venait d'endormir la fille de son hôtesse, qu'il endormait depuis longtemps déjà, l'avait frappée de catalepsie, c'est-à-dire qu'il avait étendu les bras de la fille endormie, et que son ami avait fait de vains efforts pour les croiser sur la poitrine de la magnétisée, et le magnétiseur disait alors : Toutes les fois que je produis ou vois produire ce phénomène, je ne puis m'empêcher de penser à ces miracles de guérison et de résurrection des temps passés. Y croyez-vous ? demanda-t-il à son ami. Je crois, répondit celui-ci, que les prétendus miracles n'ont été connus que par les écrits de ceux qui ont cru nécessaire d'en préparer la croyance pour les générations qui devaient suivre la leur. Écoutez, reprit le magnétiseur, mes réflexions à ce sujet, et peut-être vous changerez d'avis... prenons, par exemple, continua-t-il, le miracle du lévite de la tribu d'Issachar, qui, après avoir quitté la veuve de Sarepta, revint le lendemain auprès d'elle et la trouva dans les larmes auprès de sa fille étendue à terre sans mouvement et sans vie. Le lévite, prenant alors la jeune fille par la main, lui ordonna de se lever, et la jeune fille le fit en retrouvant la vie et la parole.

Eh bien !.. dit l'ami.

Eh bien... cette fille que vous voyez ici... reprit le magnétiseur, en désignant la somnambule, cette fille dont j'ai engourdi les facultés physiques, et à qui je vais en rendre l'usage en la réveillant, a pour mère une brave femme qui habite un hameau montagneux du Cantal.

Que demain, elle retourne auprès de sa mère, que je l'y accompagne, et, qu'un jour, resté seul avec elle, je la plonge avant de la quitter dans l'état où vous la voyez maintenant... que pensera donc au retour sa pauvre mère épouvantée?.. Elle ne pourra que demander des secours pour sa fille expirante, ou des prières pour sa fille morte...

Certainement, dit l'ami qui examinait la somnambule. Si alors, continua le magnétiseur, j'entre dans la maison, vous savez combien il me sera facile de délivrer en un instant la pauvre fille de cette paralysie passagère et de cette mort apparente. Oui, dit l'ami, avec méditation...

Et alors, continua le magnétiseur, la pauvre mère éplorée, joyeuse... palpitante, et tous ses voisins de la plus proche chaumière accourus à ses cris, ne pourront que me bénir avec étonnement, comme autrefois la veuve Sarepta bénissait le lévite qui lui rendait sa fille. Puis il se mit à réveiller la somnambule, et son ami attentif et rêveur ne répondit plus rien.

Bien loin de moi la condamnable pensée d'approuver ici la comparaison du magnétiseur... Il est à la fois irréligieux et insensé de donner une cause magnétique à de saints miracles, qui ont été produits avec le secours d'une divine essence. Vouloir expliquer ainsi les miracles de la Bible, serait à la fois de l'athéisme et du sacrilége, mais si nous devons avoir foi dans les miracles évangéliques... Combien de faits surnaturels produits de tous temps par des hommes forts et mondains, doivent, au lieu d'être niés ou crus sans réflexion s'expliquer affirmativement par le magnétisme qui en a été la seule et l'invisible cause. C'est dans cette irréfutable logique que j'ai puisé la conviction qui m'autorise à faire passer sans anachronisme ma pièce dans une autre époque que la nôtre, et à encadrer des faits étranges, dans des costumes qui s'harmonient mieux avec l'étrangeté, que le frac noir et le paletot moderne !...

Il me reste maintenant à répondre aux magnétiseurs, aux praticiens : Ils me reprochent en général de n'avoir pas tiré tout le parti possible des sommeils de Rachel... et de ne pas lui avoir donné avec la double vue, le discernement qui l'aurait infailliblement amenée à pénétrer tout d'abord les secrets et les projets du sire de Carrouges. A ceci, je leur répondrai que, si j'avais fait ainsi, ma pièce aurait été finie au premier sommeil... Que la difficulté était de laisser vivre l'intérêt, et de réussir à ménager les ressources du magnétisme. J'ajouterai aussi, que j'ai vu bien des somnambules douées de qualités qui leur étaient particulières, l'appréciation chez les uns, la sensibilité extatique chez les autres... une grande lucidité chez des somnambules qui refusaient de marcher, la marche la plus audacieuse chez d'autres d'une lucidité paresseuse; et j'ai dû craindre de faire de Rachel une somnambule tellement douée, qu'elle parût facilement impossible aux spectateurs.

Et je dois le dire ici... mes études incomplètes peut-être, m'ont laissé des doutes; ainsi je doute de la puissance somnambulique rétrospective et infaillible, et quant aux prédictions des somnambules qui dessinent l'avenir à l'avance, je déclare que je n'y crois pas, et que je nie cette faculté... Mais cependant, je le fais avec la pudeur et la réserve que doit apporter dans son incrédulité celui qui ayant produit lui-même d'inexplicables phénomènes, serait absurde et vaniteux s'il affirmait que d'autres ne sont pas appelés à en produire de plus surprenants encore !... C'est en mettant dans la balance d'un côté l'inébranlable croyance, que j'ai acquise par l'évidence, et de l'autre les réserves que je viens de signaler, que j'ai conçu et exécuté ma pièce....

J'ai évité le mensonge ; j'ai quelquefois habillé et façonné la vérité, afin de lui faire traverser d'une façon scénique une action subordonnée aux exigences du théâtre, dont le but est non pas d'instruire, mais d'intéresser. Ai-je réussi à atteindre ce but? Je l'ignore ; mais je suis au moins certain d'avoir tenté de le faire avec toute ma conscience.

J. BOUCHARDY.

LA
CROIX
DE
SAINT-JACQUES

DRAME EN SIX TABLEAUX, PRÉCÉDÉ D'UN PROLOGUE,
Par M. Joseph BOUCHARDY,

MUSIQUE DE M. MANGEANT,

ET PRÉFACE DE L'AUTEUR SUR LE MAGNÉTISME

Représenté pour la première fois, à Paris, sur le théâtre de la GAITÉ,
le 15 Décembre 1849.

PERSONNAGES DANS LE PROLOGUE.	ACTEURS.
BEN SADI, l'Arabe............................	MM. Lacressonnière.
LE SIRE DE CARROUGES....................	Surville.
DANIEL....................................	Matis.
MATEO (plus tard Raoul de Messine)........	Gouget.
ROLAND....................................	Adrien.
TAILLEFER.................................	Castel.
JUANA.....................................	Mme Abit.

Dans la pièce les mêmes personnages âgés de 15 ans de plus, et

BENJAMIN..................................	MM. Eugène Bondois.
TALBOT, le capitaine......................	Riché.
RACHEL....................................	Mlle Fernand.
Gardes....................................	

S'adresser pour la musique à M. Mangeant, compositeur et chef d'orchestre du théâtre de la Gaité.

La droite ou la gauche sont celle du spectateur.

PROLOGUE

Un site pittoresque sur la côte de l'île de Lipari, au quatrième ou cinquième plan, un arbre énorme ombrage la scène ; on voit dans le tronc de l'arbre creusé par les années une petite statue du bon génie de la côte, et à hauteur d'appui un livre saint placé et attaché sur l'écorce de l'arbre comme sur un prie-Dieu ; deux chemins venant du dehors, au fond, à droite et à gauche, aboutissent au pied de l'arbre ; deux autres entrées latérales à travers les rochers de la falaise, à droite et à gauche, au deuxième plan ; au fond, la pleine mer, au premier plan, à droite et à gauche, deux pierres servant de bancs.

SCÈNE PREMIÈRE.

DANIEL, TAILLEFER, puis JUANA.

(Daniel agenouillé ; Taillefer entre en examinant le paysage.)

TAILLEFER, *se débarrassant d'une arbalète et d'un bâton ferré, qu'il pose sur un banc de pierre au premier plan, à droite.* Oui, voici bien l'arbre centenaire... Cette côte est assurément celle où s'est réfugiée Juana, la femme que je cherche... Mais pourquoi a-t-elle quitté la maison qu'elle habitait dans la ville basse ?... Aurait-elle le pressentiment des projets du sire de Carrouges, mon maître ? J'ai heureusement appris que depuis plu-sieurs jours elle habite avec sa fille, près d'ici, chez un pêcheur de corail nommé Daniel. *(Regardant au dehors.)* Mais je ne vois aucune habitation sur les rochers d'alentour... *(Désignant Daniel.)* Peut-être qu'en causant avec cet homme qui prie j'apprendrai tout ce que je veux savoir... *(S'étant approché.)* Eh ! mais je l'ai déjà vu... *(A Daniel.)* Eh ! l'homme !.. n'est-ce pas toi que j'ai rencontré hier quand j'abordais dans l'île, et qui m'as indiqué le chemin de la ville ?

DANIEL (1), *se levant, après avoir achevé sa prière.* En effet... je vous reconnais... Vous êtes déjà de retour ?

(1) Daniel, Taillefer.

TAILLEFER. Oui, je voulais seulement revoir cette île qui était, il y a vingt-cinq ans, presque déserte, à ce qu'on dit.

DANIEL. Et que vous trouvez aujourd'hui presque aussi peuplée qu'Agrigente ou Syracuse.

TAILLEFER. Et peux-tu me dire qui a fait ce prodige?

DANIEL. Vous savez sans doute que lorsque Raoul, maître de Messine et des cinq villes, se fut fait vassal de l'Église, le pape Léon IX lui donna, avec le surnom de Sage, une croix d'argent dans laquelle sont écrits des mots sacramentels, et que portait autrefois saint Jacques-Majeur, prêtre et martyr... (*Il se découvre avec dévotion.*)

TAILLEFER. Je sais cela.

DANIEL. Eh bien! ce fut alors que Raoul adjoignit à ses états cette île abandonnée en la mettant sous la protection de la croix du martyr, et depuis lors les émigrants y sont accourus de toute part... Ils y ont bâti deux villes... la citadelle et le monastère... Les enfants y sont devenus des hommes en bénissant Raoul le Sage, et vous savez maintenant, maître, comment se fit le prodige...

TAILLEFER. Raoul en fut l'auteur.

DANIEL. Aussi, quand il y a deux mois, l'on apprit que de nombreux corsaires, venus de la côte africaine, menaçaient la Sicile, toute la jeunesse de l'île est-elle allée se ranger sous le drapeau de Raoul le Sage pour aider à sa victoire.

TAILLEFER. Victoire qui coûtera cher à Raoul, car il est peut-être mort à cette heure des suites de ses blessures.

DANIEL, *allant ramasser son caban au pied de l'arbre.* La croix de Saint-Jacques le préservera, je l'espère.

TAILLEFER. Peut-être... (*Désignant la chapelle.*) Et c'est sans doute à saint Jacques, martyr, qu'est consacrée cette chapelle?

DANIEL. Non... Ce livre scellé dans le roc contient des versets qui s'adressent au bon génie de la côte.

TAILLEFER, *désignant à droite, au dehors.* Et quelle est donc cette croix que je vois d'ici sur la falaise?

DANIEL. C'est la croix des échos.

TAILLEFER. Des échos?...

DANIEL. Oui, maître... Chaque parole qu'on dit au pied de cette croix, l'écho la porte dans l'espace... C'est ici que les Lipariens viennent prier... mais c'est près de cette croix qu'ils chantent le cantique d'espoir... car l'écho fidèle le porte au bon génie de la côte, qui habite toujours l'horizon bleu de la mer.

TAILLEFER. Et sans doute c'est une habitante de l'île qui vient de s'agenouiller près de la croix.

DANIEL, *regardant.* Oui, elle vient demander chaque jour au génie de protéger le retour de l'époux qu'elle attend.

TAILLEFER. Et cette femme se nomme...

DANIEL. Juana.

TAILLEFER. Juana!...

DANIEL. Vous la connaissez?...

TAILLEFER. Non...

LA VOIX DE JUANA, au dehors.

Écho du rivage,
Vois le danger.

L'ÉCHO, lointain.
Vois le danger.

JUANA.
Garde du naufrage
Le passager.

L'ÉCHO.
Le passager.

(*Daniel qui s'est pieusement agenouillé pendant le chant se relève.*)

TAILLEFER, *qui est allé regarder au fond pendant le chant se rapproche de Daniel.* Et dis-moi, quel est cet homme étrange qui vient de rencontrer Juana?

DANIEL, *regardant.* C'est Ben-Sadi, l'Arabe.

TAILLEFER. Un Arabe! un maudit!... Il quitte Juana... il vient de ce côté... Passera-t-il par ici?

DANIEL. Oui, c'est son chemin.

TAILLEFER, *allant près du banc, à droite.* Alors, ramassons des pierres pour les lui jeter au passage.

DANIEL, *l'arrêtant.* Garde-toi d'insulter cet homme!

TAILLEFER. Tu ne sais donc pas la maxime qui dit :

Mets du sable en ta main
Pour chasser du chemin
Serpent ou Sarrasin.

DANIEL. Cette maxime, je l'ai oubliée depuis que je connais Ben-Sadi.

TAILLEFER. Tant pis pour toi!.. Tout Arabe vient de l'enfer!

DANIEL, *lui imposant silence.* Tais-toi, le voici! (*Ben-Sadi entre gravement en scène par la droite au fond; il est vêtu à l'orientale : burnous blanc rayé.*)

TAILLEFER, *à mi-voix en l'apercevant.* Que Dieu me garde du mauvais esprit ! (*Ben-Sadi s'arrête au milieu de la scène, regarde la mer, puis continuant lentement son chemin, il sort d'un air pensif du côté opposé. A Daniel.*) Et qu'a donc fait ce magicien du diable ?

DANIEL. L'Arabe?... Il a fait deux miracles.

TAILLEFER. Deux miracles?

DANIEL. D'abord, il a ressuscité mon fils... Dieu

(1) Taillefer, Daniel.

qui m'a repris sa mère ; m'a laissé un fils qui est toute ma joie en ce monde. Le pauvre enfant, jouant dans la montagne, trouva la mort un jour dans une de ces cavernes formées jadis par les feux du volcan... Et tandis que je creusais sa tombe, Ben-Sadi prit dans ses bras le pauvre enfant inanimé, versa sur ses lèvres quelques gouttes d'un élixir inconnu, et mon petit Benjamin ressuscité, se mit à nous sourire.

TAILLEFER. Et quel fut le second miracle ?

DANIEL. Le voici : Depuis le départ de son époux, un mal sourd minait la pauvre Juana, que je voyais chaque matin venir de la ville, avec sa fille sur les bras, prier le bon génie de la côte.... et que j'entendais tous les soirs chanter à l'écho sa fervente prière ; et ses forces l'ayant abandonnée un jour, je la trouvai expirante au pied de cette chapelle... J'emportai chez-moi la mère et l'enfant et j'implorai Sadi.

TAILLEFER. Et que fit-il alors ?

DANIEL. Il rappela peu à peu la force et le courage dans le cœur désolé de la pauvre Juana..... et, chaque jour, revenant auprès d'elle... Chose étrange... il semblait apporter dans les plis de son manteau quelques heures de sommeil arrachées à la nuit, car il lui suffisait d'étendre ce manteau sur Juana pour qu'elle s'endormît profondément.

TAILLEFER. Fatal et ténébreux sommeil !

DANIEL. Bienheureux sommeil, au contraire, pendant lequel Ben-Sadi, dirigeant à son gré les rêves de Juana, lui faisait voir son époux dans les camps, sur les chemins et lui rendait ainsi l'espérance et la vie.

TAILLEFER. Et depuis lors, sans doute, Juana est restée dans ta cabane ?

DANIEL, indiquant à droite. Oui, près d'ici... derrière la falaise.

TAILLEFER, à part. C'est Daniel !

DANIEL. Et, dites-moi maintenant, maître, que pensez-vous de Ben-Sadi, l'Arabe ?

TAILLEFER. Je pense que cet Arabe a ranimé ton fils avec un feu d'enfer, qui le dévorera plus tard.

DANIEL. Oh ! malheureux !

TAILLEFER, avec force. Je dis que celui qui réveille les morts et endort les vivants est le serviteur de Satan.

DANIEL, s'épouvantant. S'il en était ainsi... mais non, cela n'est pas !

TAILLEFER. Tu n'as donc jamais vu les effets de la magie d'enfer ?

DANIEL. Quoi ! mon fils...

TAILLEFER. Appartient au démon qui l'a fait revivre, puisqu'il a pris son âme à la mort qui venait de s'en emparer.

DANIEL. Mon Dieu !

TAILLEFER. Et malheur à Juana et aux siens... car elle a dormi d'un funeste sommeil... et Juana...

DANIEL, la voyant entrer. Silence, la voici... (Musique. — Juana entre en scène par la droite, sans remarquer Daniel et Taillefer ; elle va s'agenouiller près de la chapelle. Taillefer est debout. Daniel, épouvanté, va s'asseoir à droite.

TAILLEFER, à part. Daniel et Juana ont tous deux quitté la cabane, où leurs enfants sont sans doute restés seuls... L'instant est favorable... (Réfléchissant.) Près d'ici, derrière la falaise... Je trouverai facilement... (S'approchant de Daniel, en reprenant son arbalète et son bâton, à mi-voix.) Adieu, maître.

DANIEL, de même. Vous partez ?

TAILLEFER, de même. Oui, soyez prudent désormais, et gardez-vous du diable... (Il examine Juana et sort à droite, au deuxième plan.)

SCÈNE II.

DANIEL, JUANA.

DANIEL, examinant Juana. Pauvre Juana !.. Elle ne soupçonne pas le malheur qui nous attend. (Il traverse la scène.)

JUANA, l'apercevant (1). Daniel, j'étais inquiète de vous, ne vous voyant pas revenir à votre heure accoutumée... je craignais... mais qu'avez-vous ?

DANIEL. Je souffre.

JUANA. Il faut chercher Sadi.

DANIEL, l'arrêtant. Non... Sadi n'y pourrait rien... Sadi n'entre pas dans nos temples.

JUANA. Quel est donc votre mal ?

DANIEL. J'ai fait un rêve affreux dont le souvenir m'accable et me déchire.

JUANA. Quel était donc ce rêve ?

DANIEL. Vous savez, Juana, que, suivant quelquefois dans notre pensée l'avenir de nos enfants, nous avons dit que peut-être un jour, ils seraient mariés ensemble.

JUANA. C'est vrai.

DANIEL. Dans mon rêve ils avaient atteint l'âge du mariage... Ils s'aimaient... C'était le jour de leur union, et, tandis qu'ils se rendaient au temple, un démon arrêtant mon fils, lui dit en lui barrant le chemin : « C'est à moi que tu dois, jeune homme, ta force et tes vingt ans. » Et je tremblais d'épouvante quand une voix consolatrice se fit entendre.

JUANA. Et que disait-elle ?

DANIEL. Elle disait que la prière qu'une femme adresse à la mère de Jésus, peut effacer de la destinée d'un enfant le signe d'un funeste présage.

JUANA. Je veux aller, Daniel, prier la Vierge sainte.

DANIEL. J'espérais en vous, Juana.

(1) Daniel, Juana.

JUANA. La chapelle de la mère du Sauveur est au monastère, et je pars au monastère.

DANIEL. Vous serez bénie, vous qui aurez fait cela pour moi !

JUANA. Pour vous, qui nous avez secourus, j'irais, s'il le fallait, pieds nus jusqu'au calvaire de Messine ; à vous, pendant mon absence, le soin de nos enfants.

DANIEL. Je vais me rapprocher d'eux.

JUANA. Et si Mateo arrivait pendant mon absence, vous le conduiriez près de sa fille.

DANIEL. Mateo ! je ne l'ai jamais vu, moi, cependant, s'il venait à passer, je le reconnaîtrais. j'en suis sûr... vous m'avez tant de fois parlé de lui.

JUANA. Et pour qu'il n'hésite pas à vous suivre, vous lui remettriez cette bague dans laquelle sont écrits son nom, le mien et celui de Juanita, notre fille.

DANIEL. Dieu, Juana, vous prendra sous sa garde... A ce soir.

JUANA. A ce soir. (*Elle sort par la gauche, au fond.*)

SCÈNE III.

DANIEL, puis BEN-SADI.

DANIEL, *seul.* Non, Juana, je ne remettrai pas cette bague à ton époux Mateo, car je veux aussi, sans retard, me rendre au monastère avec les deux enfants, et nous mettant tous, alors, sous la protection des révérends frères, je ne craindrai pas d'avouer ce que l'Arabe a amassé sur nous de malédictions par ses charmes d'enfer... Allons, Daniel, hâte-toi, et ne perds pas encore toute espérance. (*Apercevant Sadi qui vient d'entrer par la gauche, au deuxième plan.*) Sadi !... malheur !

SADI, *s'approchant de Daniel* (1). Je te cherchais, Daniel, je veux passer avec toi les dernières heures de cette journée : un vaisseau maltais qui s'éloignera cette nuit de l'île doit me prendre à son bord.

DANIEL. Ben-Sadi va partir ?

SADI. Oui, partir... en emportant le souvenir de Daniel et celui de Benjamin que j'ai réchauffé sur mon cœur !

DANIEL, *s'égarant.* Benjamin ! mon enfant !

SADI, *le remarquant.* Mais, qu'as-tu donc ?

DANIEL. Oh ! grâce !... grâce pour lui !

SADI. Grâce, dis-tu ?

DANIEL. Je sais que vous devez à l'enfer l'existence que vous lui avez donnée.

SADI. Qui t'a dit cela ?

DANIEL. Un homme qui connaît l'effet des sortiléges.

(1) Daniel, Sadi.

SADI. Et que t'a dit cet homme ?

DANIEL. Que celui qui endort les vivants et qui réveille les morts est un serviteur de Satan.

SADI. O fatale ignorance des hommes !.. On t'a dit que j'étais fils d'enfer, parce que j'ai versé le baume sur tes douleurs... et tu l'as cru, toi, Daniel !.. Mais on a dû te dire aussi que lorsqu'un possédé touche un objet béni, ton Dieu le foudroie sans pitié... Eh bien ! regarde ce livre béni. (*Il va vers l'arbre.*) Je l'ouvre, je le touche, et, maintenant que j'ai posé ma main sur sa sainte écriture, écoute bien et dis-moi si tu entends le tonnerre ?

DANIEL, *après un silence.* Cet homme a donc menti ?

SADI. Dieu créateur, ne prendrez-vous jamais pitié de ces insensés qui se laissent courber sous le souffle de l'imposture aussi facilement que les roseaux de l'oasis sous le vent du désert... Approche-toi donc, Daniel, et regarde-moi bien pour te convaincre que les griffes de Satan ne sont pas aux mains qui ont séché tes pleurs.

DANIEL, *après l'avoir regardé.* Mais qui êtes-vous donc, vous qui nous sauvez ?

SADI. Écoute-moi, Daniel... Je veux avant de partir t'apprendre à me connaître et chasser ainsi de ton âme le doute et la superstition.

DANIEL. Je vous écoute, Sadi.

SADI. Je suis un de ces initiés de la Mecque, qui garde, dans le sanctuaire de la grande mosquée, les vérités inconnues que depuis deux mille ans nos pères y ont amassées. Et les initiés ont déclaré dans un conseil suprême que l'heure était venue de parcourir le monde, afin d'en mesurer la grandeur, d'en étudier les prodiges et d'en tracer les chemins pour les générations à venir. L'un de nous fut chargé de la Perse et des Indes... Un autre de la Terre-de-Feu... et je fus désigné, moi, pour parcourir l'Europe jusqu'à ses mers de glace... Je reçus la bénédiction de mon père... je partis !.. J'avais déjà traversé Suez, Candie, la Calabre et Messine quand j'abordai dans cette île de Lipari... dont je voulais étudier les volcans éteints... les cendres refroidies et les pierres calcinées... Or, écoute bien ceci, Daniel...

DANIEL. Parlez, parlez, Sadi !

SADI. Mon étude des cavernes sulfureuses m'avait appris que l'air qu'on y respire devait causer un évanouissement que suivrait bientôt la mort si de prompts secours ne devaient la combattre... Et quand je vis ton pauvre enfant victime de ces miasmes mortels, j'ai rappelé par mes soins dans sa faible poitrine l'air vivifiant et pur qui ramena la vie, car j'avais vu le chemin du salut, moi que la science éclaire...

DANIEL. Et cette puissance qui prête à la fois au sommeil la parole et la vue... c'est donc aussi la science qui vous la donne ?

SADI. Oui, Daniel ; on a dit souvent que le sommeil était une mort passagère. Mes pères ont dit, au contraire, que le sommeil cachait une seconde vie que le Créateur a enveloppée dans un profond mystère ; et après avoir longtemps étudié le sommeil qui donne à l'âme des facultés nouvelles, ils ont découvert qu'un homme peut plonger une âme dans cette vie inconnue ; que cette âme qui voit alors sans le secours des yeux peut étendre son regard à l'infini ; que cette âme, devenue esclave, cède à la volonté qui la dirige, et que ce sommeil ne laisse après lui ni trace, ni souvenir... Tu comprends maintenant comment j'ai secouru Juana mourante d'inquiétude... A l'aide de cette science, j'ai conduit sa pensée sur les pas de son époux qu'elle a revu vivant ; et j'ai pu, quand elle fut éveillée, lui promettre son retour. Ainsi, tu vois, Daniel, que je n'ai rien pris à l'enfer... mais de tout temps, la science amassée dans le cerveau d'un homme a produit d'incroyables bienfaits que la foule incrédule a toujours appelés miracles, ou ténébreux effets de la science du diable.

DANIEL. Les aveugles, Sadi, peuvent douter de la clarté du jour !

SADI. Et quand leurs yeux sont ouverts?

DANIEL, *se découvrant.* Ils doivent marcher confiants et saluer la lumière.

SADI, *lui tendant la main.* Tu m'as compris, Daniel, et maintenant que j'ai ta confiance, je veux te charger d'une bonne action que je ne pourrai faire puisque je vais partir.

DANIEL. Qu'est-ce donc?

SCÈNE IV.

BEN-SADI, DANIEL, ROLAND.

ROLAND, *qui vient d'entrer par la droite, pendant la dernière phrase, s'approchant d'eux* (1). Dites-moi, mes maîtres, le chemin de la ville basse?

DANIEL, *désignant à gauche.* Le voici.

ROLAND. N'y a-t-il pas un lieu de la ville où s'assemblent les Lipariens qui sont revenus de la guerre?

DANIEL. Non, maître ; pourquoi?

ROLAND. Parce que je suis à la recherche de l'un d'eux dont j'ignore la demeure.

DANIEL. Et vous le connaissez?

ROLAND. Je ne l'ai jamais vu, mais je le trouverai facilement entre tous, car il a dû revenir capitaine et n'a que vingt-cinq ans d'âge...

DANIEL. Dans deux heures, après l'ardeur du soleil, tous les Lipariens seront en promenade dans l'allée des Oliviers, et là vous distinguerez facilement celui qui doit porter croix d'or sur la poitrine.

(1) Daniel, Roland, Sadi.

ROLAND. Facilement! et je pourrai lui apprendre une grande nouvelle.

SADI. Heureuse pour lui, sans doute?

ROLAND. Bien triste, au contraire, mais qui devra préparer sa fortune s'il est vertueux, et sa grandeur s'il est brave.

SADI. Que Dieu vous guide!

ROLAND. Merci! (*Il sort par la gauche.*)

DANIEL, *redescendant la scène avec Sadi.* Et vous me disiez, Sadi?

SADI. Que Mateo et Juana, Daniel, ne sont pas encore hors de danger.

DANIEL. Qui donc les menace?

SADI. Un ennemi puissant peut-être, et contre lequel je te charge de prémunir Mateo, sitôt que tu le connaîtras.

DANIEL. Et quel est cet ennemi?

SADI. Un homme que Juana a vu bien souvent pendant ses sommeils ; chaque fois que sa pensée cherchait son époux, elle rencontrait un homme terrible dans l'ombre... Elle vit un jour Mateo se défendant contre des assassins auxquels il échappa, et cet homme n'était pas étranger à cette criminelle tentative.

DANIEL. Comment le désignerai-je à Mateo?

SADI. Juana l'appelait l'homme noir, car elle le voyait toujours vêtu de noir, et portant éperons, maille et rapière bronzés.

SCÈNE V.

BEN-SADI, DANIEL, CARROUGES.

DANIEL, *apercevant Carrouges, qui vient d'entrer lentement par la droite, au fond, vêtu comme l'a décrit Sadi.* Regardez donc, Sadi.

SADI. C'est lui, Daniel! c'est l'homme noir dont Juana m'a parlé.

CARROUGES, *les voyant.* Avez-vous vu près de cette côte, un homme à pourpoint de buffle, portant arbalète et bâton de voyage.

DANIEL. Je l'ai vu hier d'abord, et ce matin ensuite.

CARROUGES. Quel chemin a-t-il pris?

DANIEL. Il a pris par là du côté du chemin creux.

CARROUGES. C'est bien! je vais l'y chercher. (*Il sort par la droite au deuxième plan.*)

DANIEL. Que vient donc faire cet homme à Lipari?

SADI. Ce qu'il vient faire? le mal... Il devance ici Mateo qui doit arriver peut-être cette nuit.

DANIEL. Quel piège lui prépare-t-il?

SADI. Il faut le savoir.

DANIEL. Comment?

SADI. C'est facile! Juana me le dira dans le sommeil; où est-elle?

DANIEL. Malheureux! qu'ai-je fait?... j'ai éloigné Juana d'ici!

SADI. Juana n'est plus à Lipari?

DANIEL. Si... mais elle est sur le chemin du monastère.

SADI. Je saurai bien l'atteindre... Toi, retourne dans ta demeure, et là, tu attendras de nos nouvelles.

DANIEL. Oui... (*S'arrêtant, près de sortir, au deuxième plan, à droite.*) Mais... l'homme noir revient de ce côté et l'homme qui l'accompagne est celui qui m'avait appris à vous maudire.

SADI, *les regardant.* Ce sont deux criminels qui voient partout l'enfer, parce qu'ils le méritent et le craignent... A bientôt, Daniel. (*Il sort par la gauche.*)

DANIEL. A bientôt! Evitons aussi les malfaiteurs! (*Il sort par la droite, au fond; Carrouges et Taillefer entrent par la droite, au deuxième plan.*)

SCÈNE VI.

CARROUGES, TAILLEFER.

TAILLEFER, Ici, maître, vous pourrez vous reposer.

CARROUGES. Oui... et nous ne serons pas assourdis par le bruit de la mer!.. (*Il s'assied sur la pierre, à droite.*) Tu m'as dit que mes vœux seraient bientôt accomplis... je t'en récompenserai; mais explique-moi d'abord ce que tu as fait.

TAILLEFER. Le voici... J'ai appris hier que Juana, qui avait quitté la ville, habitait avec sa fille... (*Avec intention.*) avec sa fille... sur cette côte, chez un nommé Daniel... j'ai ce matin découvert la demeure de cet homme... je m'y suis secrètement introduit pendant l'absence de Daniel et de Juana... j'y ai trouvé deux enfants endormis et près de chacun d'eux, dans un vase d'argile, le laitage préparé pour leur nourriture... comme vous m'aviez recommandé d'éviter que les traces de la mort de la fille de Juana fussent apparentes... j'ai versé le poison dans le breuvage qui lui est destiné, et je venais de sortir aussi secrètement de la cabane que j'y étais entré... quand je vous ai rencontré.

CARROUGES. C'est bien, Taillefer... l'on n'accusera, sans doute, que la destinée de la mort de cette fille dont on parlera beaucoup en Sicile.

TAILLEFER. Mais comment la mort d'un enfant obscur?..

CARROUGES. C'est ce que tu vas bientôt comprendre. Le comte Raoul, dit le Sage, vient de mourir.

TAILLEFER. Il est mort! Et vous, le fils de sa sœur, vous allez hériter de ce vaste comté.

CARROUGES. Aujourd'hui sans doute, mais hier il n'en devait pas être ainsi.

TAILLEFER. Comment?

CARROUGES. Écoute la lecture de son testament qu'un de ses scribes m'a secrètement copié. (*Il se lève, ouvre un parchemin et lit.*) « Au moment de paraître devant Dieu, je me confesse à lui car ma faute est grande; j'ai délaissé un fils né de mon sang parce que sa mère était coupable. Je l'ai fait transporter enfant sous le nom de Mateo dans l'île de Lipari. Que Dieu me pardonne d'avoir injustement puni le fils des fautes de sa mère... c'est lui qu'à cette heure suprême j'appelle à me succéder.. A lui mon nom de Raoul, mon château, mes cinq villes, mon épée de bataille et la croix bénite de saint Jacques le martyr... »

TAILLEFER. Et ce Mateo, où est-il?

CARROUGES. En Sicile où j'ai dirigé vers lui deux vigoureux lutteurs qui l'empêcheront de sortir à jamais du chemin de l'Etna. Mais sa mort ne suffirait pas, pour m'assurer l'héritage, car il a une fille dont les barons de Messine prendraient demain la tutelle, si nos précautions ne venaient y apporter aujourd'hui un invincible obstacle.

TAILLEFER. Je comprends... (*Le saluant.*) Vous serez comte de Messine et souverain des cinq villes... (*Se rapprochant de lui avec mystère.*) si les devins et sorciers ne nous font pas la guerre.

CARROUGES, *effrayé.* Tu les crains, Taillefer?

TAILLEFER. Je l'avoue, maître, j'ai vu un Sarrasin près d'ici.

CARROUGES. Et moi aussi.

TAILLEFER. Il a secouru Juana... il prévoit ses dangers... et...

CARROUGES, *l'interrompant.* Je crois, Taillefer, que tout Sarrasin mort redescend aux enfers.

TAILLEFER. Je le crois aussi.

CARROUGES. Donne-moi ton arbalète. Je pourrais en suivant ces rochers rencontrer sur mon chemin l'Arabe qui peut-être nous porterait malheur. (*Il prend l'arbalète que lui donne Taillefer et monte la scène.*)

TAILLEFER. Où nous retrouverons-nous?

CARROUGES. Ici!

TAILLEFER. Et nous partirons?

CARROUGES. Cette nuit.

TAILLEFER. C'est bien... soyez adroit...

CARROUGES. Et toi prudent. (*Il sort par la gauche, au fond.*)

SCÈNE VII.

TAILLEFER, puis DANIEL.

TAILLEFER, *seul.* Prudent!.. le maître aurait mieux fait de dire : sois heureux! car il faut que le sort nous favorise... mais voici Daniel!

DANIEL, *entrant par la droite du deuxième plan.* Encore cet homme!

TAILLEFER. Eh bien! Daniel, as-tu revu l'Arabe?

DANIEL. Je l'ai revu.

TAILLEFER. Et tu l'as maudit?

DANIEL, *allant s'asseoir à gauche.* Je l'ai béni.

TAILLEFER. Tu ne le fuis pas?

DANIEL. Je viens l'attendre ici.

TAILLEFER. Il doit y venir? Alors, dis-moi donc par quel chemin, afin que j'en puisse prendre un autre.

DANIEL, *désignant la gauche.* Il viendra probablement par ici.

TAILLEFER, *à part.* Le maître a pris le bon chemin. (*Haut.*) Moi qui veux l'éviter, je prends cette route.

DANIEL. À ton aise. (*Taillefer sort à droite.*) Sadi doit venir me trouver chez moi, et je n'ai pas la patience de l'attendre... (*Il se lève avec agitation.*) Les enfants se sont endormis accablés par la chaleur du jour, et je suis monté sur la falaise, j'ai cherché du regard... rien, rien... Et pourtant, quand j'y songe, Sadi ne peut être encore de retour... Oh! c'est que mon inquiétude est grande... Joindra-t-il Juana, et s'il l'a vue déjà, que lui a-t-elle dit?.. que sait-il?..

SADI, *en dehors.* Daniel! Daniel!

DANIEL. Qui m'appelle?.. Sadi!

***

SCÈNE VIII.

DANIEL, SADI.

SADI *entre vivement tout en désordre par la gauche, et n'a plus son burnous. D'une voix agitée.* Te voici, Daniel!

DANIEL. Qu'avez-vous?

SADI. Rien... Dis-moi d'abord, tu as revu les enfants, n'est-ce pas?

DANIEL. Je viens de les quitter.

SADI. Et sans doute tu leur as donné la nourriture que Juana avait apportée pour eux?

DANIEL. Pas encore... et je songeais...

SADI. Ainsi, tu ne leur as donné aucun aliment, aucun breuvage?

DANIEL. Aucun!

SADI. Remercie Dieu, Daniel!

DANIEL. Pourquoi?

SADI. Parce qu'on a versé du poison dans leur breuvage.

DANIEL. Mon Dieu! Et qui a commis ce crime infâme?

SADI. L'homme noir ou son complice.

DANIEL. Les misérables!... Vous avez donc vu Juana?

SADI. Ma pensée me devançait auprès d'elle avec tant d'ardeur, que Juana, comme frappée d'un prodigieux pressentiment, semblait venir à ma rencontre, et à peine avions-nous échangé quelques mots, qu'elle dormait, et que sa pensée rapide voyait déjà Mateo, son époux, dans une barque à quelques lieues de l'île.

DANIEL. Il va venir?

SADI. Cette nuit, sans doute. Et j'avais à peine dirigé le regard de Juana vers sa fille, qu'elle aperçut à ses côtés le dangereux breuvage... Épouvanté, je me hâtai d'éveiller Juana, que je quittai sans alarmer son cœur... Elle continua sa route, et j'accourais vers toi quand j'entendis une flèche siffler à mon oreille... effrayé, je songeais à l'homme noir, quand une autre flèche, frappant à mes pieds, m'apprit que je servais de but au meurtrier.

DANIEL. Mon Dieu!

SADI. Mais j'employai pour lui échapper un stratagème arabe... Je feignis d'être atteint... je me traînai chancelant jusqu'au bord d'un ravin, et là, me couchant à terre, je laissai tomber mon manteau dans l'espace. J'entendis bientôt les pas de mon meurtrier qui descendait le ravin pour aller achever sa victime, et profitant de son erreur, je suis accouru jusqu'ici... où, grâce au ciel!.. j'arrive à temps pour te prévenir. (*Il passe et tombe accablé sur la pierre, à droite.*)

DANIEL. Dieu soit loué! Et la cause de la haine de cet homme, la savez-vous?

SADI. En voyant Mateo sur mer, Juana a distingué sur sa poitrine la croix d'or des capitaines.

DANIEL. C'est donc lui que cherche cet homme qui apporte à un jeune capitaine le secret d'une fortune.

SADI. Et c'est pour s'emparer de cette fortune que ses ennemis ont résolu de tuer le capitaine et sa fille. Mais Dieu aidant, ils n'y réussiront pas. J'empêcherai Mateo de tomber entre leurs mains, à toi, Daniel, le salut de sa fille. Il faut que tu parviennes à la cacher loin d'ici.

DANIEL. J'ai des amis sûrs dans l'île.

SADI. Entraîne donc chez eux les deux enfants, et, cela fait, tu chercheras Juana pour la prévenir...

DANIEL. Je pars... (*Il va vers la route, à droite. S'arrêtant.*) Et vous, Sadi, que des assassins menacent?..

SADI. L'embarcation maltaise qui doit m'emporter va partir. Nous ne nous reverrons jamais, sans doute, Daniel. (*Il lui tend les mains; Daniel vient les prendre avec affection.*) Et nous devons, avant de nous quitter, remercier Dieu, qui a permis que nous pussions secourir une famille à laquelle aucun lien ne nous attachait. Défendre les siens, c'est le devoir... mais se dévouer aux inconnus, c'est plus que le devoir, c'est la vertu!.. Et tôt ou tard, Daniel, cela nous portera bonheur. (*Ils s'embrassent.*) Adieu!

DANIEL. Adieu!... A vous force et courage!

SADI. A toi paix et bonheur!

DANIEL. Adieu, Sadi!

SADI. Adieu, Daniel!

(Daniel sort par la droite.)

SCÈNE IX.

(La nuit vient graduellement pendant cette scène.)

SADI, *seul.* Deux hommes cherchent Mateo : l'un pour l'instruire et le défendre, l'autre pour le perdre. Il faut que Mateo ne rencontre ici que celui qui doit le protéger. Comme je traversais la ville après avoir quitté Juana, j'ai fait porter à cet homme, que l'on trouvera sans doute dans l'allée des Oliviers, quelques lignes écrites qui l'amèneront sur la côte au-devant de Mateo. *(Il prend un parchemin dans ses tablettes et écrit.)* Il faut que Mateo, qui va venir, soit de son côté intéressé à se joindre à lui. Juana m'a dit bien souvent que le premier soin de son époux serait en abordant ici de venir remercier le bon génie de la côte. *(Il monte vers l'arbre centenaire.)* Et ce parchemin adressé au capitaine Mateo, et mis dans ce livre, frappera bientôt ses regards. *(Il le met dans le livre saint et le ferme.)* Je ne dois pas craindre que cet écrit tombe au pouvoir de l'homme noir... Non, les impies ne viennent pas prier... Mais il me semble entendre des pas sur les rochers... Si c'était Mateo, je pourrais... *(S'arrêtant.)* Et si c'était un de mes assassins... Non, je ne puis m'exposer au hasard ; ma vie n'est pas à moi... et je pars en me fiant à toi, Providence! Je n'emporterai d'ici que le souvenir, constant ami du voyageur... Que ceux que j'ai pu secourir y cueillent un jour les fleurs que j'ai semées pour eux... Moi, je reprends le chemin que m'ont tracé mes frères. *(Il sort lentement par la gauche, sur le motif de musique, qui a été joué lorsqu'à sa première entrée il a passé dans le fond.)*

SCÈNE X.

MATEO, *seul. Il entre par la droite, en proie à la plus vive émotion.* Voici la chapelle... voici l'arbre qui a tant de fois abrité mon enfance. Je retrouve, après de meurtriers combats, la falaise et le rivage, et je vais bientôt embrasser et ma femme et ma fille... Disparais du souvenir, triste jour du départ; mais restes-y sans cesse, jour heureux du retour. Et toi, génie tutélaire qui as guidé ma barque jusqu'au port de mon île natale, reçois ma prière d'amour et de reconnaissance. *(Il ouvre le livre et trouve le parchemin.)* Quel est ce parchemin? « Au capitaine Mateo. » A moi!.. Qui peut m'écrire et m'appeler capitaine? Qui peut savoir ici déjà la nouvelle?.. Quel est ce mystère? Voyons... « Ne fais pas un pas de plus, « capitaine; des assassins qui ont résolu ta mort « pour s'emparer de ta nouvelle fortune... » Une fortune! « te guettent au passage... » Encore! « Mais un homme qui t'apporte le secret de la « fortune qui t'attend s'approchera de toi sitôt « que tu l'appelleras par le son du cor. » Une fortune! un secret!.. Appelons cet homme, c'est lui qui m'a sans doute écrit cette lettre. *(Il sonne dans son cor.)* Je n'entends rien... *(On répond.)* On a répondu... il va venir... Et si c'était un piége des infâmes qui m'ont attaqué dans le chemin de l'Etna... Non, les assassins ne m'aborderaient pas en face... On vient... *(Regardant Roland, qui entre lentement.)* Je ne connais pas cet homme.

SCÈNE XI.

ROLAND, MATEO.

ROLAND, *entre par la droite, au fond, s'arrêtant à distance.* C'est vous qui avez donné le signal auquel j'ai répondu?

MATEO. C'est moi.

ROLAND. Et vous êtes bien?..

MATEO. Mateo le capitaine.

ROLAND. Je vous cherche depuis deux jours.

MATEO. D'où venez-vous?

ROLAND. De Sicile.

MATEO. Et que m'apportez-vous?

ROLAND. Le testament de votre père.

MATEO. Mon père est mort?

ROLAND. Il est mort.

MATEO. Pourquoi se cacha-t-il à moi pendant sa vie?

ROLAND. Il s'en est repenti.

MATEO. Et qu'ordonne-t-il dans son testament?

ROLAND. Que vous commandiez à sa place ses châteaux et ses villes!

MATEO. Moi? comment donc s'appelait mon père?

ROLAND. Raoul le Sage.

MATEO. Raoul! c'est un rêve!

ROLAND. C'est la réalité.

MATEO. Et qui êtes-vous donc, vous?

ROLAND. L'écuyer Roland.

MATEO. Le guerrier Roland!

ROLAND. Qui a fermé les yeux de votre père!

MATEO. Et qui vous a donc guidé vers moi?

ROLAND. Cette lettre, dans laquelle vous me dites que le son de votre cor m'appellera vers vous qui m'attendez sur cette côte.

MATEO. Je ne vous ai pas écrit de lettre et sans celle que vous avez mise pour moi... dans ce livre, je serais loin d'ici.

ROLAND. Ce n'est pas moi... mais qui donc?

MATEO, *lui donnant sa lettre.* Voyez!

ROLAND, *les comparant.* C'est la même écriture!.. étrange mystère... quel qu'en soit l'auteur... il est de nos amis et nous devons profiter de la rencontre qu'il nous a préparée... Où avez-vous laissé, capitaine, la barque qui vous a amené?..

MATEO. Sur le port.

ROLAND. Il faut repartir sur l'heure!

MATEO. Et ma femme! et ma fille?

ROLAND. Votre femme... votre fille!.. je les prendrai sous ma garde.

MATEO. Non, je veux moi-même...

ROLAND. Si vous faites un pas, la mort peut vous atteindre: relisez donc cette lettre.

MATEO. La mort! je l'ai déjà bravée! (*Il monte la scène.*)

ROLAND, *l'arrêtant.* Vous n'étiez alors que Mateo, vous êtes aujourd'hui Raoul de Messine!

MATEO. C'est vrai! je ne m'appartiens plus; je cède et je confie ceux que j'aime au meilleur ami de mon père.

ROLAND. Le nom de votre femme?

MATEO. Juana.

ROLAND. Sa demeure?

MATEO. Place Sainte-Marie, dans la ville basse.

ROLAND. A quoi me reconnaîtra-t-elle pour un de vos messagers?

MATEO. A quoi? à cette chaîne de ses cheveux, (*Il l'ôte de son cou et la donne à Roland.*) qu'elle a tressée pour moi.

ROLAND. C'est bien!

MATEO. Où dois-je me rendre d'abord?

ROLAND. Au château de Messine et la croix de Saint-Jacques martyr, que je remets entre vos mains, vous y fera connaître.

MATEO, *la prenant.* La croix de Saint-Jacques! à moi!

ROLAND. Allez, et demain vos vassaux lèveront les herses devant votre femme et votre fille.

MATEO. A demain.

ROLAND. A demain! (*Mateo sort par la droite.*)

ROLAND, *glorieux.* Il est parti... et grâce à l'être mystérieux qui nous a écrit à tous deux, Messine n'aura pas pour maître Carrouges l'impie... Maintenant accomplissons notre mission... place Sainte-Marie, dans la ville basse... Juana. (*Il va pour sortir par la gauche et rencontre Carrouges.*) Quelqu'un!.. qui va là?

SCÈNE XII.

CARROUGES, ROLAND.

CARROUGES. Et toi, qui es-tu?

ROLAND, Je suis homme d'armes.

CARROUGES, *de même.* Et moi aussi...

ROLAND, *le reconnaissant.* Le sire de Carrouges!

CARROUGES, *de même.* Roland l'écuyer!..

ROLAND. Qui t'amène à Lipari?

CARROUGES. Un impérieux devoir, et toi?

ROLAND. Moi de même... (*A part.*) Il vient peut-être pour attaquer Mateo!

CARROUGES, *à part.* Il vient peut-être chercher la fille de Mateo.

ROLAND, *désignant la gauche.* Je prends cette route, et toi?

CARROUGES. Moi, je reste ici.

ROLAND. A ton aise.

CARROUGES, *à part.* Il ne sera pas venu assez tôt.

ROLAND, *à part.* Il sera venu trop tard. (*Il sort par la gauche.*)

SCÈNE XIII.

CARROUGES, *puis* TAILLEFER.

CARROUGES, *seul.* Non, comtes et barons, vous ne ferez pas de la fille de Mateo la comtesse de Messine... et cependant je doute et je tremble... je crains encore la magie. Ce Sarrasin que j'ai vu tomber sous ma flèche, je n'ai pu trouver son cadavre.

TAILLEFER, *accourant effaré par la droite.* C'est vous, maître?

CARROUGES. Oui... qu'y a-t-il?

TAILLEFER. Fatigué d'attendre, je suis entré dans la cabane de Daniel... je l'ai trouvée déserte.

CARROUGES. Les enfants?

TAILLEFER. Disparus!

CARROUGES. Et le breuvage?

TAILLEFER. A terre!

CARROUGES. Malheur!.. qui a donc pu révéler?..

TAILLEFER. La magie! les démons, les sorciers!

CARROUGES. Oh! Sarrasin d'enfer!.. oh! fatale science du diable, vous m'aurez donc vaincu. (*Il tombe accablé sur la pierre, à droite.*)

LA VOIX DE JUANA, *répétée par l'écho.*

Entends ma prière
Qui toujours.
L'ÉCHO.
Qui toujours.
JUANA.
Confiante espère
Ton secours.
L'ÉCHO.
Ton secours.

TAILLEFER, *qui a été regarder au fond, revenant*

à Carrouges. Nous sommes sauvés, maître ! cette voix est celle de Juana.

CARROUGES, *se levant.* Cette voix vient de s'élever du fond des eaux.

TAILLEFER. Non, c'est l'écho qui vous trompe : voyez près de cette croix que la lune éclaire...

CARROUGES, *allant voir.* C'est elle !

TAILLEFER. Il faudra bien que la mère nous conduise sur la trace de sa fille.

CARROUGES. Et si le sorcier la protége ?

TAILLEFER. Vous avez raison... fuyons.

CARROUGES, *l'arrêtant.* Non !.. je veux encore défier l'enfer !

(Juana reprend son cantique que l'écho répété pendant que Carrouges cherche à décider Taillefer qui veut fuir et bientôt tous deux marchent lentement à la rencontre de Juana qui, pendant ce jeu de scène, a repris le refrain du cantique répété par l'écho.)

JUANA, *au dehors.*

Écho du rivage, etc.

FIN DU PROLOGUE.

****

ACTE PREMIER.

PREMIER TABLEAU.

Paysage pittoresque dans la montagne à quelques lieues de Messine ; à gauche, et partant du deuxième plan, une maison rustique en pan oblique ; deux routes latérales à droite, devant et derrière la maison ; deux autres routes latérales du côté opposé. Un banc de pierre, au premier plan, à gauche. On peut sortir dans le paysage à droite et à gauche, au fond. Ce paysage, qui doit être accidenté, est enrichi de la végétation sicilienne, et a pour horizon le mont Etna.

SCÈNE PREMIÈRE.

BENJAMIN, puis RACHEL.

BENJAMIN, *entrant par la droite, se débarrasse d'une arbalète qu'il pose près de la maison.* Il faut renoncer à chasser ce matin, et je ne m'en plains pas... La chasse, qui avait autrefois tant de charmes pour moi, n'en a plus maintenant. C'est qu'autrefois je croyais Rachel ma sœur... mais aujourd'hui que je puis l'appeler ma fiancée.... tout ce qui m'éloigne d'elle m'importune. *(La voyant sortir de la maison.)* La voici !

RACHEL (1), *pensive, entre sans le voir.* Savoir son avenir, c'est voir à travers les ténèbres... c'est franchir la distance... Et pourtant cela m'effraie.

BENJAMIN, *à part.* Que pense-t-elle ?

RACHEL. Oui, avant d'écouter ce matin qui sait lire dans les étoiles, je consulterai Benjamin.

BENJAMIN, *s'approchant.* Bonjour, Rachel.

RACHEL. Benjamin !.. Déjà de retour !

BENJAMIN. Déjà veut dire trop tôt.

RACHEL, *lui tendant la main.* Oh ! jamais pour moi... As-tu fait bonne chasse ?

BENJAMIN. Je n'ai pu manquer d'adresse, je n'ai pas eu occasion de m'en servir.

RACHEL. Et pourquoi ?

BENJAMIN. Parce qu'il y a tant de monde dans les chemins de la montagne, que les oiseaux effrayés ont gagné la plaine.

RACHEL. Et tout ce monde se rend sans doute sur la route de Taormina, pour chercher la croix de Saint-Jacques, que notre souverain Raoul de Messine a perdue.

(1) Benjamin, Rachel.

BENJAMIN. Et pour s'emparer d'un sorcier qui s'est réfugié dans la montagne.

RACHEL. Un sorcier ?

BENJAMIN. Nous savions que le comte Raoul avait malheureusement perdu la croix protectrice de son comté ; mais nous ignorions quels événements se rattachent à ce malheur.

RACHEL. Quels sont-ils ?

BENJAMIN. Le jour où le comte Raoul, emporté par son cheval en furie, perdit la croix sainte qu'il portait à son cou, tous les habitants de Messine cherchaient dans leur superstition habituelle la cause d'un accident de si mauvais augure, lorsqu'on se souvint que, la veille, on avait vu un Arabe s'arrêter devant le château de Messine, et se désaltérer à sa fontaine, tandis que les varlets y abreuvaient le cheval que le comte Raoul s'apprêtait à monter. Il n'en fallut pas davantage pour que l'on affirmât que l'Arabe n'était autre qu'un sorcier, qui avait jeté dans l'eau de la fontaine quelque philtre infernal, qui avait ensorcelé le cheval ; et la foule, irritée, atteignit bientôt l'Arabe, qui fut emprisonné dans le château du comte Raoul... Comme on déclarait partout que le trépas du prisonnier pourrait seul conjurer le mauvais sort qu'il avait jeté sur Messine... sa mort fut résolue ; mais il parvint à s'échapper...

RACHEL. Et il a pris le chemin de la montagne ?

BENJAMIN. Ce qui fait qu'elle se garnit à cette heure de soldats, qui colportent un arrêt, signé de Raoul, condamnant à mort, lui, et tous ses enfants, quiconque tenterait de protéger celui qu'on appelle le génie malfaiteur !

RACHEL. Pourquoi frapper aussi les enfants innocents ?

BENJAMIN. Parce que l'on dit que celui qui prête aide au démon devient possédé, ainsi que tous ceux qui sont nés de son sang.

RACHEL. Tout en priant pour le pauvre fugitif, remercions Dieu, qui semble avoir choisi ce jour pour diriger notre père au marché de Taormina.

BENJAMIN. Oui, notre père se serait déjà perdu peut-être, lui qui cherche, depuis quinze ans, l'occasion de rendre à un Arabe ce qu'un Arabe a fait pour lui, ou plutôt, Rachel, ce qu'il a fait pour nous.

RACHEL. Sans lui, nous ne nous serions jamais connus, Benjamin.

BENJAMIN. Et jamais aimés.

RACHEL. Dis-moi, si ce condamné suppliant venait frapper à notre porte?

BENJAMIN. Tu dis cela, sœur, comme si tu le craignais et l'espérais à la fois.

RACHEL. Je l'avoue...

BENJAMIN. Nous avions la même pensée, Rachel, s'il venait... Mais n'y pensons pas... ne cherchons pas à prévoir, et laissons à la Providence le soin des événements.

RACHEL. C'est vrai... Et, dis-moi, que te contait donc, cette nuit, le marin, notre nouveau voisin, avec qui tu as causé presque jusqu'au jour?

BENJAMIN. Il me racontait ses dangers, ses voyages.

RACHEL. Celui qui a beaucoup voyagé a vu tant de choses...

BENJAMIN. Et acquis tant de connaissances.

RACHEL. Oui, et le marin en possède une merveilleuse, dont il a offert de se servir pour moi.

BENJAMIN. Et laquelle?

RACHEL. Il m'a dit qu'en vivant toujours sous le ciel et se fiant sans cesse aux étoiles, les hommes de mer apprennent à lire dans les astres... et il m'a promis de chercher mon étoile et de me dire mon avenir!

BENJAMIN. Garde-toi bien, Rachel, d'interroger l'avenir... Tout bonheur qu'on attend vient lentement; tout malheur qu'on prévoit attriste d'avance.

RACHEL. Tu as raison, frère.

BENJAMIN, désignant au dehors, à droite. Mais, vois donc, sœur, cet homme qui se traîne sur le chemin...

RACHEL. Il vient de ce côté.

BENJAMIN. Il semble craindre d'être poursuivi!

RACHEL. C'est peut-être l'Arabe!

BENJAMIN. C'est lui, Rachel... (Ils se reculent près de la maison.)

~~~~~~

SCÈNE II.

LES MÊMES, BEN-SADI.

SADI, entrant avec effroi, sans les voir, par la droite. J'échappe une fois encore... mais ce sera la dernière... Mes pieds meurtris laisseront bientôt derrière moi la trace sanglante de mes pas.

RACHEL. Comme il paraît souffrir!

SADI. Des chrétiens!.. je n'ai plus la force de fuir!...

RACHEL. Il tremble à notre approche.

BENJAMIN. Il faut le rassurer. (Il passe à droite.)

SADI, voulant s'éloigner. Allons, encore un effort.

BENJAMIN (1). Vous que la fatigue accable... où allez-vous?

SADI, après un silence. Où va le naufragé que la tempête emporte!

BENJAMIN. Dieu donne souvent au naufragé le secours de ses frères.

SADI. Ceux qui pourraient me secourir sont loin de ces montagnes.

BENJAMIN. Peut-être... Regardez cette maison, elle est hospitalière.

SADI. L'accueil d'un Sicilien ne s'adresse pas à moi.

BENJAMIN. L'hospitalité ne choisit pas les hommes. Entrez! (Il passe au milieu.)

SADI. Si vous saviez qui je suis...

BENJAMIN. Vous êtes un Arabe échappé de Messine.

SADI. Vous le savez et vous ne me fuyez pas?

BENJAMIN. Sœur, conduis l'Arabe notre hôte au foyer de la famille.

RACHEL, passe devant Benjamin. Venez!..

SADI, s'arrêtant au moment de lui prendre la main. Mais vous ne voulez pas me perdre et me trahir?

BENJAMIN. Vous trahir!

RACHEL. Nous...

BENJAMIN. Il ne nous connaît pas, sœur, il faut lui pardonner... Il ne sait pas lui que notre père nous a appris à mépriser Judas, et que pour nous, hospitalité ne veut pas dire trahison.

SADI. Je me repens, jeune homme, pardonnez mon offense.

BENJAMIN. Je l'ai oubliée.

RACHEL, à Sadi, en lui prenant la main. Venez vous reposer... le repos donne la force, et la force le courage.

SADI, marchant avec Rachel vers la maison. Vous avez bien raison, jeune fille, de servir et d'aimer le Seigneur car il vous aime bien, lui qui vous fit si belle. (S'arrêtant avant d'entrer.) Tant de générosité... Et je pourrais les exposer... non, laissez-moi partir, car vous ne savez pas, enfants, ce que vous coûterait peut-être votre humanité.

BENJAMIN. Cette maison a deux issues, vous pourriez fuir par l'une d'elles si l'on tentait d'entrer par l'autre... et puis il faut secourir les malheureux et plaire à Dieu sans s'inquiéter des hommes.

____

(1) Rachel, Sadi, Benjamin.
~~~~~~

SADI. Qui vous a dit cela, jeune homme ?

BENJAMIN. Mon père et l'Évangile.

SADI. Je n'hésite plus... Dieu qui vous entend et vous voit bénira ce toit hospitalier.

BENJAMIN. On vient, hâtez-vous !

RACHEL, *l'entraînant.* Venez ! (*Elle entre avec Sadi.*)

BENJAMIN, *allant regarder à droite.* Qui vient par ce chemin ?.. le voyageur !.. Je ne connais cet homme que depuis hier, il serait imprudent de me confier à lui. (*Il reprend son arbalète, entre et ferme la porte.*)

SCÈNE III.

CARROUGES, *puis* TAILLEFER, *puis* RACHEL.

CARROUGES, *entre lentement en examinant.* Personne encore... la porte est toujours fermée... elle ne tardera pas sans doute à s'ouvrir et je pourrais savoir alors si Benjamin doit aller au-devant de son père, et si je trouverai l'occasion de rendre Rachel plus disposée encore à connaître son avenir, et à se fier à moi... mais que font-ils donc à cette heure? (*Il va regarder avec précaution à travers les fentes de la porte. — Taillefer entre par la droite sans voir Carrouges.*)

TAILLEFER. On m'a bien assuré qu'on avait aperçu le Sarrasin près d'ici. (*Apercevant Carrouges.*) Quel est cet homme ?.. Le Sarrasin se cache peut-être sous un déguisement... examinons tout le monde. (*Il s'approche.*)

CARROUGES. Quelqu'un !.. l'on pourrait me croire un espion. (*Il quitte la porte et veut sortir par le fond.*)

TAILLEFER, *lui barrant le passage* (1). Où vas-tu, maître ?

CARROUGES. Que t'importe? et que veux-tu ?

TAILLEFER. Savoir si tu es chrétien ?

CARROUGES. C'est facile à prouver.

TAILLEFER. Quel est ton nom ?

CARROUGES. Quel est le tien ?

TAILLEFER. Taillefer !

CARROUGES. Taillefer !

TAILLEFER. Carrouges !

CARROUGES. Taillefer vivant ! je ne te croyais plus de ce monde.

TAILLEFER. Et je vous croyais bien mort! où étiez-vous donc caché depuis près de quinze ans?

CARROUGES. Bien loin d'ici. Et que viens-tu donc faire dans cette montagne aux environs de Messine? (*Ils descendent tous deux la scène.*)

TAILLEFER. J'y cherche ma fortune.

CARROUGES. C'est-à-dire que comme tant d'autres tu marches de Messine à Taormina à la recherche de la croix sainte et du sorcier maudit?

____

(1) Carrouges, Taillefer.

TAILLEFER. Précisément; et c'est sans doute aussi pour cela que vous voyagez par ici ?

CARROUGES. Non! j'ai d'autres espérances.

TAILLEFER. Lesquelles?

CARROUGES. Moi je veux régner à Messine.

TAILLEFER. Encore! depuis quinze ans vous n'en avez pas perdu l'envie? Vous y aurez droit peut-être à la mort de Raoul, votre cousin, qu'autrefois nous appelions Mateo, puisqu'il est resté veuf de Juana, puisque l'on n'a jamais revu sa fille. — Mais il est bien plus jeune que vous.

CARROUGES. Je serai son héritier avant huit jours.

TAILLEFER. Vous savez que pour avoir il y a quinze ans tenté d'être celui de son père....

CARROUGES. Les temps ne sont plus les mêmes!

TAILLEFER. Vous êtes toujours proscrit ?

CARROUGES. Toujours.

TAILLEFER. Et si l'on vous trouvait dans Messine ?

CARROUGES. Aussi n'y suis-je pas entré!

TAILLEFER. Et d'ailleurs, vous savez bien que le diable est contre vous.

CARROUGES. Plus maintenant, Taillefer.

TAILLEFER. Qui vous l'a dit?

CARROUGES. Le diable lui-même.

TAILLEFER. Vous avez vu le diable ?

CARROUGES. Tu ne sais pas où j'ai passé ma vie depuis que nous nous sommes quittés.

TAILLEFER. Où donc?

CARROUGES. En enfer.

TAILLEFER. En enfer !

CARROUGES. Tu sais qu'il y a quinze ans tous les aventuriers que j'avais réunis pour attaquer Mateo avaient été tués et dispersés.

TAILLEFER. Oui, j'en étais.

CARROUGES. Tu sais que j'avais vendu Juana à un corsaire juif qui emportait des esclaves européens dans des îles lointaines dont on ne revient jamais quand parfois on y arrive, et que je fus enfin forcé de quitter la Sicile où j'étais condamné à mort.

TAILLEFER. Ce fut alors que nous nous séparâmes!

CARROUGES. Eh bien! le cœur gonflé de rage j'errais à l'aventure, impuissant à me venger, lorsque je rencontrai une multitude d'Européens armés qui, sous la conduite d'un ermite qu'ils appelaient le général Pierre, allaient attaquer un peuple de Sarrasins qu'on disait habiter un pays plein de merveilles... et je me mis à leur suite, espérant mourir en combattant Satan qui m'avait fait tant de mal... Après avoir traversé des villes et des déserts, nous rencontrâmes, en Arabie, l'armée des démons sarrasins.

TAILLEFER. Ah!.. enfin.

CARROUGES. Le combat fut terrible, et je fus fait prisonnier.

TAILLEFER. Mauvais commencement !

CARROUGES. Et pendant près de quinze ans, vivant en Arabie, tantôt dans les villes, tantôt dans les tribus éparses... j'ai appris à connaître l'arabe, à vivre avec le diable, et prenant des Arabes les mœurs et les habitudes et le langage, me confondant avec eux, m'unissant à leurs amours ou à leurs complots, et leur laissant croire que comme eux j'étais mahométan, j'ai pu acquérir toutes leurs connaissances même les plus secrètes et les plus terribles.

TAILLEFER. Vous, sire de Carrouges?

CARROUGES. Je sais maintenant, Taillefer, comment on peut sauver la vie ou bien comment on peut l'éteindre sans laisser la moindre trace... Je connais tous les charmes et les philtres, je sais lire les secrets les plus cachés... car j'ai dans la tête et dans le cœur la terrible puissance de ces magiciens arabes que vous croyez ici envoyés par l'enfer, et ne vois-tu pas que le sort m'a grandement favorisé déjà ?

TAILLEFER. Comment?

CARROUGES. D'abord, en permettant que Mateo amassât des trésors que je n'aurais pas su conquérir.

TAILLEFER. Vous avez parfaitement raison.

CARROUGES. Et surtout en faisant disparaître du monde sa fille que ni nous, ni lui n'avons pu atteindre.

TAILLEFER. Cela c'est un véritable coup du sort!

RACHEL, *sortant de la maison.* Oui, j'en suis sûre, c'est bien lui. (*Elle traverse la scène.*)

CARROUGES, *allant rapidement au-devant d'elle.* Rachel!... où courez-vous donc, eune fille ?

RACHEL. Au-devant de notre père que par une fenêtre de la maison je viens d'apercevoir sur la route. (*Elle sort à droite en courant.*)

CARROUGES. Son père! Encore un gardien qu'il faudra tromper!

TAILLEFER, *qui a suivi Rachel du regard, revenant auprès de Carrouges.* Quelle est donc cette jeune femme ?

CARROUGES. Une jeune fille que le hasard m'a fait rencontrer, et qui est à cette heure ma plus chère espérance.

TAILLEFER. Je ne comprends pas.

CARROUGES. Ceux qui comme moi, Taillefer, ont le secret de la science magique, ne pourraient rien accomplir sans le secours d'une créature douée d'une faculté rare et merveilleuse que nous appelons la double vue, et cette jeune fille, qu'un bienheureux hasard m'a fait rencontrer dans cette montagne, possède, ainsi que j'ai pu le découvrir à certains symptômes, cette faculté précieuse. Que je puisse, Taillefer, la tenir une heure seulement en ma puissance, et je saurai la plonger dans une vie mystérieuse et magique, pendant laquelle elle me dira tous les secrets de Raoul, et m'indiquera les chemins qui pourront

me conduire sans péril, jusqu'au centre de son palais... Aussi pour être près d'elle je me suis fait l'ami de son frère, et suis venu habiter depuis deux jours à quelques pas d'ici, une petite maison dans laquelle je veux te conduire. Viens, et là je te ferai voir comment je sais prendre la flamme au soleil... les éclairs à la foudre... et je pourrai te dire, si tu veux m'être utile, ce que tu devras faire pour me servir.

TAILLEFER. Je me souviens qu'autrefois vous m'avez promis la fortune, et que vous ne m'avez donné que la misère.

CARROUGES. Autrefois, je ne possédais pas le tonnerre...

TAILLEFER. Et la damnation ?

CARROUGES. Il n'y a de damnés que les ignorants et de coupables que les pauvres.

TAILLEFER, *secouant son escarcelle vide.* Alors, je suis un grand criminel !

CARROUGES. Suis-moi donc, et tu vas cesser de l'être.

TAILLEFER. Je vous avoue franchement que cela me fera plaisir. (*Ils sortent à gauche.*)

SCÈNE IV.

BENJAMIN, DANIEL, RACHEL.

BENJAMIN, *sort de la maison.* Il faut que nous retenions mon père ici et que nous l'instruisions d'abord de la présence de l'Arabe... Mais le voici... (*Allant à lui.*) Mon père !

DANIEL, *entrant avec Rachel par la droite.* Bonjour mon fils!

BENJAMIN. Bonjour, père... Enfin, vous nous êtes rendu... débarrassez-vous donc de ce manteau.

DANIEL. Oui.

RACHEL, *lui ôtant sa besace.* Et cette lourde besace.

DANIEL. Un instant... un instant...

BENJAMIN, *lui prenant son bâton.* Et ce bâton, maintenant inutile... Et puis, asseyez-vous.

DANIEL. Tout à l'heure.

RACHEL, *l'entraînant vers le banc.* Oui... ou asseyez-vous... Vous devez être fatigué.

DANIEL, *tombant assis sur le banc, à gauche.* Mais vous allez me faire tomber. (*Assis.*) Mon Dieu! que je suis donc malheureux d'avoir mis au monde ces enfants-là!.. Celui qui est resté garçon peut, quand il rentre au logis, s'asseoir à son gré; ôter tranquillement son manteau de voyage et respirer... tandis que moi... Enfin, mes enfants, nous sommes donc réunis... Si vous saviez comme on s'ennuie, quand on est seul... Mais viens donc, fille... et toi, garçon, rapprochons-nous... (*Leur donnant la main à tous deux (1).* Bien près les uns des autres, pour réparer le temps

(1) Benjamin, Daniel, Rachel.

perdu... Décidément je ne sais pas comment on peut vivre quand on n'a pas d'enfants...

BENJAMIN. Et, dites-nous, votre voyage?

DANIEL. A été heureux.

BENJAMIN. Le marché de Taormina?

DANIEL. Rempli d'acheteurs... J'ai fait bonne aubaine... (Se levant.) Et j'ai bien d'autres grandes nouvelles à vous apprendre... Mais dites-moi, vous autres, que s'est-il passé pendant mon absence?

BENJAMIN, après une hésitation. Un Arabe poursuivi s'est réfugié dans nos montagnes.

DANIEL. Oui, je l'ai entendu dire.

RACHEL. Et nous l'avons vu mourant de faim et de fatigue...

DANIEL. Et qu'avez-vous fait?

BENJAMIN. Nous lui avons donné asile.

DANIEL. Bien, mes enfants, vous avez dignement remplacé votre père... Il faut cacher ce malheureux et le garder en secret jusqu'à ce qu'il puisse échapper.

BENJAMIN. Père, il y a mort pour qui l'aura secouru.

DANIEL. Si l'on comptait avec le danger, on laisserait noyer son frère.

BENJAMIN. Il y a mort aussi pour les enfants de celui... qui aura bravé la sentence.

DANIEL. Pour les enfants!... (Il reste pensif.)

RACHEL. Mais la porte s'ouvre!... L'Arabe veut s'éloigner sans doute. (Elle va à lui.)

BENJAMIN. Père, faut-il le retenir?

DANIEL. Que faire, mon Dieu!

RACHEL, à l'Arabe. Vous voulez déjà partir?

SADI, près de la maison. Oui, je le veux... Je le dois.

BENJAMIN, s'approchant. Le danger subsiste encore!

SADI, allant à lui. J'ai retrouvé la force qu'il faut pour le braver!.. Je n'ai plus qu'une seule chose à vous demander.

BENJAMIN. Que souhaitez-vous?

SADI. Savoir votre nom!

BENJAMIN. Je m'appelle Benjamin.

SADI. Benjamin! et comment se nomme votre père?

DANIEL, s'avançant. Daniel.

SADI. Daniel!..

DANIEL. Qui sera toujours prêt à vous donner la main.

SADI. Comme il me la donnait il y a quinze ans dans le chemin de la côte... Daniel!

DANIEL. Ben-Sadi!..

SADI, allant à lui (2). Dieu est grand dans sa bonté, Daniel!

DANIEL, lui serrant les mains. Ben-Sadi!..

BENJAMIN, à Rachel. Sœur, c'est l'homme qui nous a sauvés.

(1) Rachel, Sadi, Benjamin, Daniel.
(2) Rachel, Benjamin, Sadi, Daniel.

DANIEL. Vous, poursuivi!

SADI, désignant Benjamin. Et dis-moi, Daniel, ce jeune homme?

DANIEL. Est Benjamin, que vous avez secouru jadis.

SADI. Lui!.. Et cette jeune fille est sans doute...

DANIEL. Silence!.. Voyez, enfants, si l'on ne se dispose pas à venir nous surprendre.

BENJAMIN. Soyez tranquille, père, nous allons faire le guet, et vous seriez bientôt prévenus... Viens, Rachel. (Ils sortent en courant par le fond.)

SCÈNE V.
DANIEL, SADI (1).

DANIEL. Cette jeune fille, Sadi, est la fille de la pauvre Juana.

SADI. Et qu'est devenue sa mère?

DANIEL. Je ne l'ai jamais revue.

SADI. Et son père?

DANIEL. Non plus.

SADI. Jamais?..

DANIEL. Peu après votre départ l'homme noir s'était adjoint de terribles bandits qui cherchaient partout la pauvre fille, et je quittai l'île pour la soustraire à leurs recherches... Mais tandis que j'errais avec les deux enfants, sans secours, sans amis... la misère nous accablant cruellement; je me vis forcé, pour la conjurer, de me réfugier en Calabre, où mon travail pouvait les nourrir, et je le fis en changeant prudemment le nom de Juanita contre celui de Rachel... Pendant ce temps Juana et Mateo sont devenus sans doute victimes de leur implacable ennemi; car je n'ai jamais entendu parler d'eux.

SADI. Et pourquoi redoutais-tu tout à l'heure que je parlasse de sa mère devant elle?

DANIEL. Parce que je n'ai rien dit à Rachel de son passé : j'ai voulu qu'elle fût sans souvenirs, pour qu'elle fût sans regrets... J'ai laissé croire aux enfants qu'ils étaient frère et sœur jusqu'à l'heure où le désir de les marier un jour ensemble m'a obligé de les détromper ; mais quand je leur ai dit que Dieu m'avait donné l'un d'eux et que le hasard m'avait donné l'autre... j'ai refusé de leur dire lequel je devais à Dieu ou lequel au hasard... parce qu'il me semble que si j'avais dit à Rachel : ce n'est pas moi qui t'ai donné le jour; je suis ton ami, mais je ne suis pas ton père, il me semble que j'aurais senti me quitter comme une portion de mon cœur et de mon âme.

SADI. Je comprends cela, Daniel... Mais quand ils se marieront...

DANIEL. Alors, je donnerai à Rachel une bague, seul souvenir de sa mère... et je ne craindrai pas de lui conter son histoire, puisqu'elle n'apprendra

(1) Sadi, Daniel.

que je ne suis pas son père qu'en épousant mon fils et en devenant ma fille.

SADI. En effet, et pourquoi vous retrouvé-je en Sicile?

DANIEL. Parce qu'on aime toujours son pays... Parce qu'après dix ans de courses et de travail, je suis devenu assez riche pour acquérir près de Messine un champ que je cultive avec mes enfants... Deux fois par an je vais à Taormina y vendre le fruit de nos labeurs, et cela nous suffit pour être heureux ensemble.

SADI. Le ciel a seul le secret des destinées.

DANIEL. Et vous, Sadi, quelle a été la vôtre?

SADI. J'ai accompli jusqu'au bout ma mission difficile... J'ai parcouru l'Europe, gravi toutes ses montagnes, traversé tous ses fleuves et compté toutes ses villes... Mais si tu savais, ami, combien de fois j'ai été arrêté par les glaces et les neiges, par les guerres des nations et par les prisons des hommes qui m'appelaient l'infidèle... Enfin, après quinze ans de fatigues et de périls, j'avais envoyé à mes frères de la Mecque les dernières pages du livre dans lequel sont écrits mes travaux... J'allais retourner auprès d'eux... J'avais atteint Messine, et j'étais prêt à m'embarquer pour les rives arabes quand Dieu sembla me dire : Tu n'iras pas plus loin.

DANIEL. Et comment cela?

SADI. Le jour où je traversais Messine, le comte Raoul perdait la croix, patronne de ses états, et les hommes effrayés avaient besoin de faire une victime pour conjurer la peur... On m'accusa d'avoir, pour servir je ne sais quelle haine, produit, par je ne sais quelle puissance, cet irréparable malheur... Et Raoul, abusé comme les autres, promit ma mort à son peuple en délire... Cependant je pus m'évader; mais je fus poursuivi jusqu'ici, où ma mort est certaine, car les chemins sont gardés et les hommes altérés de mon sang.

DANIEL. Vous leur échapperez peut-être.

SADI. Non, Daniel, Dieu a voulu souvent que ceux qui ont travaillé pour les hommes mourussent victimes des hommes.

DANIEL. Si pourtant... vous trouviez la croix bénite, perdue par notre maître?..

SADI. Elle ne me sauverait pas! Raoul promet faveur à tout chrétien qui la trouverait, et je suis mahométan.

DANIEL. C'est vrai!

SADI. Et si je ramassais à terre la croix sainte les hommes injustes me lapideraient en m'accusant de l'avoir souillée.

DANIEL. C'est encore vrai, mais il est un autre moyen de salut pour vous.

SADI. Je ne veux pas, Daniel, d'un dévouement que les hommes puniraient de mort, car, sauvé à ce prix, je deviendrais criminel.

DANIEL. Je ne veux pas, moi, que l'on tue mon

sauveur... rentrez dans la maison, je vais appeler mes enfants et vous jugerez vous-même.

SADI. Oui, je vais entrer là... mais, encore une fois, Daniel, donne-moi ta main. (La lui serrant.) Merci!

DANIEL. Allez, nous ne nous ferons pas attendre.

SADI, entrant dans la maison. Merci, Daniel! (Il entre.)

DANIEL. Vite appelons Rachel et Benjamin. (Il monte au fond.) Ils m'ont vu, ils viennent... (Redescendant la scène.) Mes enfants sont chrétiens et pourront tout obtenir de Raoul... oui.

SCÈNE VI.

DANIEL, RACHEL, BENJAMIN.

RACHEL, entrant. Vous nous appelez, père?..

DANIEL (1). Venez, enfants.

BENJAMIN. Où donc est l'Arabe?

DANIEL, désignant la maison. Il est là!

RACHEL. Notre sauveur.

DANIEL. Vous avez compris.

BENJAMIN. Tout, père, et qu'avez-vous résolu?

DANIEL. Qu'il faut lui rendre ce qu'il a fait pour nous.

BENJAMIN. Oui, mais le moyen?

DANIEL. Écoutez!.. Si moi je m'affublais des vêtements de Sadi... si alors je m'exposais sur les hauteurs de la montagne aux regards de tous ceux qui le cherchent...

BENJAMIN. Ils se mettraient à votre poursuite.

DANIEL. Et Sadi pourrait facilement gagner par un chemin abandonné la côte et les nombreux bateaux qui amènent et emportent la foule des Calabrais qu'attire le marché de Taormina.

RACHEL. Mais bientôt vous seriez arrêté, reconnu.

BENJAMIN. Jugé et mis à mort.

DANIEL. Le comte Raoul de Messine n'a-t-il pas promis à celui qui lui remettrait la croix perdue n'importe quelle faveur! n'importe quelle grâce!

BENJAMIN. Fût-ce même celle de son plus grand ennemi.

DANIEL. N'est-il pas seigneur loyal?

BENJAMIN. Il mourrait plutôt que de manquer à un serment... Mais pourquoi?

DANIEL, tirant la croix de son escarcelle. Voici la croix bénite que j'ai trouvée sur mon chemin.

BENJAMIN ET RACHEL. Grand Dieu!

DANIEL, la donnant à Rachel. Prends-la, fille, elle vous servira pour obtenir demain la grâce de votre père.

____

(1) Rachel, Daniel, Benjamin.

BENJAMIN. Gardez cette croix, père, elle vous rendra votre fils, car c'est moi qui prendrai la place de l'Arabe. (*Il monte la scène.*)

DANIEL. Non, Benjamin, il pourrait t'arriver malheur, et d'ailleurs il est dans l'ordre que ce soit le plus vieux qui s'expose à partir le premier... Mais il ne m'arrivera rien de fâcheux... ma grâce est dans vos mains... Prenez bien soin de cette croix... Je vais appeler Sadi. (*Il entre dans la maison.*)

BENJAMIN. Ne t'épouvante pas, sœur.

RACHEL, *mettant la croix dans son aumônière.* Je suis sans crainte, et je crois que ce talisman qui est entre nos mains doit nous permettre de défier le malheur.

DANIEL, *rentrant avec agitation.* Mes enfants !

BENJAMIN. Qu'y a-t-il?

DANIEL. L'Arabe a disparu.

RACHEL. Disparu !

BENJAMIN. L'issue que nous lui avions indiquée...

DANIEL. Et il a laissé ces lignes écrites... Écoutez... (*Il lit.*) « Je soupçonne, Daniel, ce que ton « cœur veut entreprendre ; je ne veux pas que « ceux qui méritent si bien de vivre s'exposent à « mourir pour moi... Adieu... Priez pour Ben- « Sadi, qui vous bénit et vous aime. » (*Parlant.*) Il a refusé notre dévouement parce qu'il ne sait pas, lui... Mais il ne peut être loin, et je saurai l'atteindre. (*Il va prendre son manteau et son bâton près de la maison.*) Je connais mieux que lui les détours du seul sentier qu'il a pu prendre.

RACHEL. Père, réfléchissez encore !

DANIEL, *reprenant le milieu.* Il y a quinze ans, Rachel, pour venir m'arracher le poison qui devait tuer l'un de vous, l'Arabe est venu sans réflexion à travers les flèches qu'on lançait contre lui... Enfants, je vais faire mon devoir ; vous, sachez faire le vôtre. (*Il s'échappe par la gauche derrière la maison.*)

BENJAMIN. Et je ne puis rien, moi... Pour lui seul le péril !

RACHEL. Nous ne pouvons rien, frère, qu'attendre et que prier.

BENJAMIN. Seigneur, laisse monter vers toi la prière qui t'implore. (*Ils semblent tous deux se recueillir en silence près de la maison. On entend à l'orchestre le motif du chant des échos. Juana entre par la droite et semble examiner avec indécision les divers chemins.*)

SCÈNE VII.

BENJAMIN, RACHEL, JUANA.

JUANA. Peut-être qu'en prenant cette route qu'il faut gravir, je pourrai voir de loin Messine... Mais si je m'en éloigne encore... Il est tard... Du monde!.. on pourra m'indiquer... (*A Benjamin.*)

Quel chemin dois-je prendre, je vous prie, pour arriver promptement à Messine ?

BENJAMIN, *désignant à droite.* Celui que vous voyez ici.

JUANA. Merci. Suis-je bien éloignée de la ville ?

RACHEL. Vous ne pourrez y arriver qu'à la nuit ; il y a loin d'ici.

JUANA, *s'approchant de Rachel.* Loin (1) ?

RACHEL. Près de deux lieues.

JUANA. Vous appelez cela loin!.. Si, comme moi, vous en aviez fait plus de mille pour arriver jusqu'ici...

RACHEL. Plus de mille lieues !

BENJAMIN. Et d'où venez-vous donc?

JUANA. De bien loin par-delà les mers.

BENJAMIN. Pourtant, à votre langage, vous êtes Européenne.

JUANA. Je suis Sicilienne.

BENJAMIN. Qui vous avait donc entraînée si loin de votre pays?

JUANA. Des infâmes qui m'ont vendue comme esclave.

RACHEL. Esclave !

BENJAMIN. Il y a longtemps?

JUANA. Oh! oui, bien longtemps... Je n'ai pas pu compter les années.

RACHEL. Et vous aviez ici une famille ?

JUANA. J'avais un époux et une toute jeune fille.

RACHEL. Et vous les cherchez ?

JUANA. Je les cherche.

BENJAMIN. Vous savez quelle ville ils habitaient?

JUANA. L'île de Lipari, dont les abords sont maintenant interdits.

BENJAMIN. Oui, parce que l'on veut en empêcher l'accès à un sorcier que l'on poursuit.

JUANA. Et je vais à Messine pour supplier le souverain Raoul d'y permettre sans retard le passage à une pauvre femme qui espère au moins y trouver la tombe de ceux dont elle a été si cruellement séparée.

BENJAMIN. Le comte Raoul, qu'un malheur vient de frapper, s'est enfermé triste et solitaire dans son palais ; je doute que vous puissiez vous approcher de lui.

JUANA. J'essaierai, je prierai... et, s'il le faut, j'attendrai. (*Elle prend sa route à droite.*)

BENJAMIN. Pauvre femme !

RACHEL. Nous pourrions lui rendre un grand service.

BENJAMIN. Il faut le faire si cela se peut... mais comment ?

RACHEL. Encore un mot, femme (2)!

JUANA. Qu'est-ce?

RACHEL. Si vous ne pouvez pénétrer auprès du comte, revenez près de nous demain au point du jour.

(1) Rachel, Juana, Benjamin.
(2) Benjamin, Rachel, Juana.

JUANA. Et alors?

RACHEL. Mon frère et moi nous vous conduirons auprès du comte Raoul.

JUANA. Vous?

RACHEL. Oui, car demain, pour nous et pour nous seuls sans doute, le comte sera visible.

JUANA. Demain!

BENJAMIN. C'est vrai.

JUANA. Alors, si je ne réussis pas... je viendrai mettre en vous mon espoir... A demain peut-être... merci. (*Juana sort par la droite. Nuit graduelle.*)

RACHEL. Oui, demain nous donnerons au comte Raoul la croix du martyr!

BENJAMIN. En échange de notre père!

RACHEL. Et si notre père n'a pu joindre l'Arabe...

BENJAMIN. Que se passe-t-il?.. Et je ne puis aller voir!

RACHEL. Frère, si, comme toi, j'étais homme, si je pouvais courir à travers la montagne...

BENJAMIN. Eh bien?

RACHEL. Je dirais à ma sœur : Tu n'as pas besoin de ma présence... Ce n'est pas toi que le danger menace; rentre dans notre demeure et laisse-moi la liberté.

BENJAMIN. Et si ton frère te parlait ainsi?

RACHEL. Je lui répondrais : Va... cours, sache ce que fait et ce que devient notre père.

BENJAMIN. Oh! merci, Rachel, qui a compris ce que je souffrais dans l'inaction... Merci!.. (*Il s'échappe.*)

SCÈNE VIII.

RACHEL, puis CARROUGES.

RACHEL, *seule.* Il restait... il se résignait pour moi!.. et j'ai dû faire cesser son tourment... Il va pouvoir découvrir... Mais s'il voit mon père, il voudra le suivre... et tous deux, alors... Qu'ai-je fait, imprudente! Il me semble que depuis que je suis seule... Mille pressentiments s'amassent en mon cœur... Que va-t-il advenir?.. Qui pourrait me le dire?.. Oh! je donnerais dix ans de ma vie pour être vieillie d'un jour!

CARROUGES, *entrant avec inquiétude par la gauche.* Taillefer a vu le père s'éloigner d'ici... moi, je viens de voir passer Benjamin... Rachel doit être seule... la voici!

RACHEL, *avec frayeur.* Qui va là? (*Elle le reconnaît.*) C'est vous, maître?

CARROUGES. Vous êtes seule, mon enfant?

RACHEL. Seule.

CARROUGES. Votre frère?

RACHEL. Mon frère... j'ignore si, à l'heure où je vous parle... Mais, dites-moi, vous pouvez lire l'avenir au ciel, n'est-ce pas?

CARROUGES. J'ai ce pouvoir.

RACHEL. Eh bien! le soleil se cache, les étoiles paraissent... cherchez, trouvez la mienne, et dites-moi ce qui m'est réservé.

CARROUGES. Cela, mon enfant, est chose bien difficile, et pour y parvenir il faut appeler d'abord la nuit et le silence, il faut que je puisse voir dans vos yeux et dans vos mains les signes qui m'indiqueront la place de votre étoile dans le ciel... il faut enfin qu'abrités tous deux dans cette maison, et ne voyant plus la clarté du soleil, nous puissions nous recueillir ensemble et invoquer la prédiction solennelle.

RACHEL. Et vous pourrez me dire alors...

CARROUGES. Ce que le sort vous prépare.

RACHEL. Je vais tout préparer. (*Elle entre dans la maison.*)

CARROUGES. La jeune fille avide de traverser l'espace et de dévorer la vie!.. je vais la tenir en mon pouvoir... Viens à moi, puissance inconnue qui domines la faiblesse et fais un esclave de la créature fascinée... Viens à moi, terrible et mystérieuse merveille qui mets la pensée dans la pensée comme on peut mettre la main dans la main... Et toi, Raoul, qui apparus un jour pour me prendre ma place... toi qui m'as chassé, toi qui m'as proscrit... tu ne prévois pas que de cette maison, où je vais entrer pauvre et banni, je ressortirai peut-être armé des secrets qui me rendront et ton juge et ton maître.

RACHEL. Tout est prêt!

CARROUGES, *toujours exalté.* Ah! c'est vous?.. Bien, venez.

RACHEL, *effrayée.* Mais qu'avez-vous?.. Vos lèvres sont tremblantes, et vos yeux étincellent... Vous me faites peur.

CARROUGES. Peur! quand déjà j'entrevois de bien heureux présages!

RACHEL. Heureux, dites-vous?

CARROUGES. Je l'espère... venez, et nous en aurons l'assurance. (*Il va ouvrir la porte de la maison.*)

RACHEL, *avec espoir.* Oh! mon père! oh! mon frère!

CARROUGES, *revenant à elle et l'emmenant.* Venez, Rachel, venez. (*Ils entrent dans la maison.*)

(*Le décor change à vue.*)

FIN DU PREMIER TABLEAU.

DEUXIÈME TABLEAU.

Intérieur d'une chambre de la maison de Daniel; porte à gauche, donnant dans une autre chambre. Cette porte est ouverte au lever du rideau ; à droite, autre porte latérale donnant dehors, et fenêtre au premier plan, porte au fond ; à gauche de cette porte, un meuble sur lequel il y a un vase et une coupe, puis une petite alcôve fermée par un rideau, à droite de cette porte, une petite madone dans une niche, et près de laquelle brûle un cierge; au premier plan, à droite, une table et un siége ; siége de l'autre côté.

SCÈNE PREMIÈRE.

(Après le changement à vue l'orchestre exécute un morceau de musique peignant la lutte de Rachel fascinée par Carrouges qui la magnétise. Carrouges entre en scène sur les dernières mesures, et s'avance jusqu'au milieu du théâtre en regardant toujours dans la chambre.)

CARROUGES, puis RACHEL.

CARROUGES. Laissons-lui quelques instants de calme et de repos... *(Descendant la scène.)* Oh! ma tête est prête à se briser...Depuis deux heures déjà Rachel est endormie du sommeil magique que j'ai laissé tomber sur elle... Et je ne sais rien encore... J'ai facilement conduit sa pensée, son regard au château de Messine... elle a vu Raoul, l'a suivi dans sa promenade solitaire, et il semble que sa vue se soit fixée, attachée sur cet homme et je n'entrevois encore aucun chemin pour arriver à lui... Elle est là, toujours endormie, et gardant sur son visage une invariable expression de crainte et de douleur... Son père, ou son frère peuvent revenir d'un instant à l'autre, et je serai forcé de fuir sans espoir et sans but encore... Taillefer, qui doit me prévenir de leur approche, n'a donné aucun signal... j'ai quelques instants encore... Mais que faire?... Rachel, vivant dans ma pensée et devinant mes projets, résiste-t-elle par instinct?... Non, cela ne peut être... Mais qu'essayer?... que tenter?... Si pour habituer la vue de Rachel à pénétrer dans l'espace, je la conduisais d'abord vers ceux qu'elle aime... Si je lui parlais de son père et de son frère : leur absence, à cette heure, cache un mystère qui la préoccupe, j'en suis sûr... Oui, je veux m'adresser d'abord à sa sollicitude pour eux... Cela peut-être la fera venir à moi d'elle-même... *(S'adressant à Rachel, dans la chambre.)* Votre père, votre frère, que font-ils?... Quelle pensée les occupe?... *(A part.)* Elle se lève... *(Parlant à Rachel.)* Devrais-je croire qu'ils sont partis pour ne jamais revenir?... *(A part.)* Elle vient... *(A Rachel.)* Ne pouvez-vous, Rachel, me dire.... *(A part.)* La voici... *(Rachel, endormie, entre lentement en scène.)* Vous venez me rassurer sur leur sort... Je les crois en danger, moi, qui ignore... Mais, vous, dont le regard peut les atteindre, vous devez savoir... *(Elle sourit.)* Vous souriez,

vous savez donc?... Merci à vous, qui pourrez m'instruire... Donnez-moi votre main, Rachel... *(Elle lui donne la main.)* Et, dites-moi, voyez-vous votre père?

RACHEL, *endormie* (1). Je le vois.

CARROUGES. Il est seul?

RACHEL. Non, il cause avec lui.

CARROUGES. Avec Benjamin?

RACHEL. Non, Benjamin, je ne le vois pas.

CARROUGES. Cherchez bien.

RACHEL. Je le vois.

CARROUGES. Où donc?

RACHEL. Il est caché dans les broussailles.

CARROUGES. Pourquoi se cache-t-il?

RACHEL. Pour entendre ce que dit mon père!

CARROUGES. Avec qui donc cause votre père?

RACHEL. Avec l'Arabe.

CARROUGES. Celui que l'on cherche?

RACHEL. Oui.

CARROUGES. Votre père a pu l'atteindre... Il va le livrer?...

RACHEL. Non pas, l'Arabe nous a sauvé la vie.

CARROUGES. Et que lui dit votre père?

RACHEL. Plus rien... ils se sont séparés.

CARROUGES. Où va donc votre père?

RACHEL, *d'une voix fatiguée*. Je ne sais... je ne le vois plus.

CARROUGES. Reposez-vous, mon enfant.... asseyez-vous... *(Rachel s'assied près de la table. Moment de silence.)* Et, dites-moi... votre père veut donc secourir le sorcier?

RACHEL, *assise*. Il le doit.

CARROUGES. Il se perdra.

RACHEL. Oui, mais nous aurons sa grâce.

CARROUGES. Qui vous l'accordera?

RACHEL. Le comte Raoul.

CARROUGES. D'où vous vient cette espérance?

RACHEL. De la croix bénite.

CARROUGES. Vous savez où elle est?

RACHEL. Je l'ai.

CARROUGES. Vous!...Vous l'avez donc trouvée?...

RACHEL. Non, pas moi ; mais, mon père.

CARROUGES. Votre père!... la croix du martyr est dans cette maison... Je n'en sortirai pas sans elle... *(Rachel fait un mouvement.)* C'est Rachel qui la garde... mais où l'a-t-elle cachée?... Je le saurai facilement... *(Avec brutalité.)* Cette croix

(1) Rachel, Carrouges.

que vous gardez, il me la faut, Rachel, et je viens vous la prendre... (*Rachel se lève et se met debout devant la table qui est près d'elle; Carrouges, qui l'a suivie du regard, désignant la table.*) Elle est là!... (*A part, se promenant avec agitation.*) Non, je ne veux pas que cette croix retourne dans les mains de Raoul... Mais la clé de ce meuble... Rachel seule peut l'avoir... Son père, son frère, peuvent arriver... Cette occasion, je ne puis risquer de la perdre... (*A Rachel.*) Donnez-moi la croix bénite, Rachel. (*Elle reste immobile.*) Enfant, qui résistez en vain.... cédez à la volonté de votre maître!... Amé qui m'appartient, sois soumise.... Esclave, obéissance... Cette croix, je la veux!... (*Sur une musique en situation, Rachel prend dans son escarcelle, une clé, ouvre la table, prend la croix et la présente à Carrouges, qui la prend, fait asseoir Rachel, va refermer le meuble, en retire la clé et la remet dans l'escarcelle de Rachel.*) Cette croix, tu ne la reverras plus, Raoul; mais, en passant par mes mains, elle m'aura bien servi... Elle contient des mots écrits, que toi seul sais avec la cour de Rome, je veux les savoir aussi, moi!... (*Il ouvre la croix et lit:*) Spes in Deo... in cœlo fides... Ces mots, je ne les oublierai pas, et j'en ferai bon usage... Maintenant, il faut réveiller Rachel; c'est elle qui doit oublier... Otons d'abord de son doigt cette bague, dont l'influence a d'abord engourdi ses sens... (*Il lui ôte une bague.*) Mais, déjà, le charme cesse... le sommeil semble l'abandonner... Est-ce ma fatigue... est-ce ma faiblesse, qui laissent échapper le sommeil que je ne pourrais plus retenir?... Est-ce mon ardent désir de le voir cesser qui l'arrache aussitôt... Oh! miracle effrayant! tu épouvantes parfois celui qui te produit.... (*On entend un signal.*) La trompe de Taillefer... On vient... Il était temps!... Éveille-toi, Rachel; le sommeil qui est entré avec moi, je l'emporte au départ, et avec lui tous soupçons, tous souvenirs... Réveille-toi!... Elle s'éveille!... Hâtons-nous... (*Il ouvre la porte du fond et la referme aussitôt.*) Benjamin!... Par où fuir?... Ah! cette autre porte... fermée... Que faire?... Ah! cette fenêtre!... Merci, science qui ne m'a pas trahi!... (*Il sort par la fenêtre.*)

SCÈNE II.

BENJAMIN, RACHEL.

BENJAMIN, *entrant rapidement par le fond.* La voici!... c'est moi, Rachel... (*S'arrêtant.*) Elle dort!... Il faut que sa fatigue ait été bien grande pour vaincre son inquiétude, tandis que notre père... Pauvre fille... si je lui laissais son sommeil... si j'allais seul, avec la croix bénite... Non, elle ne me pardonnerait jamais de ne pas lui avoir fait partager... D'ailleurs, elle s'éveille... Rachel!.. (*Il lui prend la main.*) Rachel!...

RACHEL, *s'éveillant.* Qui m'appelle?...

BENJAMIN. C'est moi, Benjamin!

RACHEL. Benjamin!... c'est toi!... (*Elle regarde autour d'elle.*) Comment suis-je ici?

BENJAMIN. Tu t'y es endormie... Vois, la lumière a brûlé toute la nuit dans ta chambre.

RACHEL. Et toi, où étais-tu?

BENJAMIN. Sur les pas de notre père.

RACHEL. Notre père... Oui, mon Dieu!... (*Elle se lève.*) Eh bien?...

BENJAMIN. Ben-Sadi sera sauvé; mais notre père est entre les mains des archers, qui l'entraînent à Messine.

RACHEL. Viens, Benjamin, partons... (*S'arrêtant.*) Mon Dieu! que je suis accablée!

BENJAMIN. Tu souffres... reste... et moi...

RACHEL. Rester!... quand je devrais me traîner sur les mains... viens!..

BENJAMIN. As-tu la croix de délivrance?

RACHEL. Elle est dans ce meuble.

BENJAMIN. La clé.

RACHEL, *la prenant dans son escarcelle.* La voici. (*Benjamin va ouvrir le meuble. Réfléchissant.*) Le comte a juré d'accorder toute grâce, fût-ce même celle de son plus grand ennemi!..

BENJAMIN, *après avoir fouillé.* Je ne vois pas la croix...

RACHEL. Elle est là...

BENJAMIN, *lui cédant la place.* Vois toi-même où tu l'as mise... (*Rachel va voir dans la table. Avec réflexion.*) Le comte Raoul a juré... juré par l'Évangile... Et ce serment solennel...

RACHEL. Je ne trouve pas cette croix!

BENJAMIN. Comment?

RACHEL. Pourtant je l'ai mise là... (*Elle tâte à son cou. Avec effroi.*) Mon Dieu!...

BENJAMIN. Ne t'impatiente pas, sœur, du calme... réfléchis...

RACHEL, *épouvantée.* Est-ce qu'on m'aurait volé, cette nuit?

BENJAMIN. Volée!... non; personne autre que nous et notre père ne savait... Et puis, la porte par laquelle je suis entré n'était ni forcée ni brisée, et celle-ci... (*Il désigne la porte latérale à droite.*) Vois, Rachel...

RACHEL. C'est vrai... l'on n'est pas entré.

BENJAMIN. Par excès de précaution, tu l'auras enfermée dans quelque coffret.

RACHEL. Sans doute, oui, je vais voir... (*Elle entre en courant dans sa chambre.*)

BENJAMIN. Elle l'aura soigneusement serrée sans s'en apercevoir... Il arrive si souvent qu'au milieu des inquiétudes, la main agit tandis que la pensée voyage... Les portes sont restées bien closes... les fenêtres... (*Il va regarder à la fenêtre.*) Qu'est cela?... la marque d'un pas... des lianes brisées... On est venu par ici.... (*Appelant.*) Rachel!... (*Rachel entre avec précipitation.*) La croix!...

RACHEL, *épouvantée.* Je ne l'ai pas trouvée!

BENJAMIN, *l'entraînant à la fenêtre.* Vois-tu la trace de ces pas?... On est entré par cette fenêtre... on t'a volée pendant ton sommeil!...

RACHEL. Volé!... Et notre père?...

BENJAMIN. Il nous attend.

RACHEL, *avec déchirement.* Mon père!...

BENJAMIN, *de même.* Mon père!... (*Moment de silence. On frappe à la porte du fond.*) Qui peut frapper?... (*On frappe encore. Il va ouvrir. Juana entre.*)

SCÈNE III.

LES MÊMES, JUANA.

JUANA (1). Je suis fidèle au rendez-vous... Puisque j'ai vainement supplié les gardes du château... Vous m'avez promis votre secours, et je viens...

BENJAMIN. Fuyez, femme! fuyez!... Cette maison est à cette heure celle du deuil et du désespoir...

JUANA. Que dites-vous?

RACHEL. On nous a volés cette nuit.

JUANA. Volé... et que vous a-t-on pris?

BENJAMIN. La croix bénite du comte Raoul.

JUANA. Vous l'aviez trouvée?

RACHEL, *pleurant.* Nous l'avons perdue!

BENJAMIN, *pleurant.* Perdue!

JUANA. Pas de larmes, enfants, la jeunesse et l'amitié vous restent!

BENJAMIN. Pas de larmes, dites-vous!... c'est que vous ignorez...

JUANA. Qu'espériez-vous donc?

BENJAMIN. La grâce de notre père, qui va mourir!...

JUANA. Mourir!

RACHEL. Tué par sa fille!

BENJAMIN. Rachel!...

RACHEL. Oui, par moi!... (*Elle passe au milieu. A Juana, avec délire.*) Car vous ne savez pas... sa grâce... je l'avais... on me l'avait confiée, et je me suis endormie... La vie de mon père... on me l'a prise... et je n'ai pas résisté... Je dormais, non pas du sommeil de la mort, car, vous voyez, je vis, j'existe... Je dormais pour perdre mon père, et cela fait sa fille s'est réveillée... Mais je ne suis plus sa fille, maintenant que je suis parricide et maudite!... Oh! mon père!... Oh! mon père!... (*Elle chancelle.*)

BENJAMIN, *la recevant, évanouie dans ses bras.* Rachel!...

JUANA. Évanouie!... Prenez, mon Dieu, pitié de la pauvre enfant!...

FIN DU DEUXIÈME TABLEAU.

TROISIÈME TABLEAU.

Une salle du château de Raoul de Messine, style gothique; grande porte, au fond; portes latérales; fenêtre à droite, siéges.

SCÈNE PREMIÈRE.

(*Le capitaine Talbot se tient debout au fond, devant la porte ouverte; deux officiers du palais sont derrière lui; Roland entre par la gauche et fait un signe au capitaine qui s'approche de lui, puis Raoul.*)

ROLAND, *bas à Talbot.* Solitude.

TALBOT. Voici un mot d'ordre qui se ressent encore de la tristesse de notre maître.

ROLAND. C'est vrai! (*Il va au devant des deux officiers qui s'approchent de lui. — Il leur dit le mot d'ordre à voix basse, les deux officiers se retirent. — La porte se referme.*) Et quoi de nouveau, capitaine? quelle nouvelle de la croix perdu?

TALBOT. Aucune, malgré l'activité des recherches.

ROLAND. Il faut attendre un secours de la providence. (*Raoul entre par la porte à gauche, et s'arrête en les apercevant.*) Et le sorcier?

TALBOT. Toutes les précautions sont prises... Il ne peut échapper.

ROLAND. La nouvelle de son évasion vient d'augmenter encore la terreur de Messine, et nos alliés de Palerme?

TALBOT. Ne savent quel parti prendre.

ROLAND. Vous n'avez vu aucun de leurs messagers?

TALBOT. Non... Mais hier deux pèlerins partis, disent-ils, de Rome et se rendant à Candie, sont venus réclamer l'honneur de saluer le comte Raoul.. Je les ai introduits au château, et avant de les introduire auprès du comte Raoul, nous tâcherons de découvrir si ce ne sont pas des espions de Palerme.

ROLAND. Vous avez raison, capitaine, il faut que nous cachions au comte, notre maître, tout ce qui pourrait encore l'inquiéter.

RAOUL, *s'avançant.* Merci, chevalier Roland.

ROLAND. Vous étiez là, comte Raoul?

(1) Benjamin, Juana, Rachel.

RAOUL, *leur tendant les mains* (1). Et je vous remercie, mes fidèles, mais je dois prendre aussi ma part des inquiétudes et des travaux : nous irons tous trois à la recherche du sorcier qui nous brave... Capitaine, vous me laisserez interroger les pèlerins que vous avez accueillis, et si Palerme tentait de nous trahir, il suffirait de lui rappeler que Vulcain peut encore sortir de l'Etna pour y forger les armes des chevaliers de Messine.

TALBOT. Je vais vous amener les pèlerins.

RAOUL. Allez, capitaine ! (*Talbot sort par la droite.*)

ROLAND. Bien, comte Raoul... Sortez de votre inaction.

RAOUL, *s'asseyant à gauche*. Oui, Roland, cette solitude dans laquelle je me complaisais autrefois, m'accable à cette heure.

ROLAND. J'avais bien prévu qu'un jour l'isolement vous deviendrait pénible.

RAOUL. Oui, je sais que vous m'avez souvent conseillé le mariage, qui aurait pu m'assurer une famille, un héritier ; mais, hélas ! il y avait dans mon cœur trop de regrets pour que je pusse associer une femme à mon destin, et jamais je n'aurais pu partager mon opulence avec elle, sans pleurer Juana qui avait accepté sa part de mon obscurité... Jamais je n'aurais pu poser sur le front innocent d'une fille la couronne de comtesse, sans penser à ma petite Juanita qui n'avait eu d'autre ornement à son front que sa chevelure enfantine, et il n'y a pas de jour où je n'aie songé que sans doute elles sont mortes toutes deux de mort violente... Que l'une d'elles a dû mourir en se défendant contre des meurtriers qui étouffaient ses cris... Et que l'autre, sans force et sans défiance, a dû sentir arriver à son faible cœur les angoisses de la mort, tandis qu'elle ouvrait ses bras pour donner à la vie le premier baiser de son âme, et voici pourquoi, Roland, je ne puis voir une jeune femme, une jeune fille... sans éprouver un sentiment qui fait saigner mon cœur. (*Se levant et passant.*) Et puis, vous le savez, j'ai le droit de douter de ma liberté et de les croire vivantes encore.

ROLAND. (2) Depuis plus de quinze ans...

RAOUL. Vous avez raison, mais tout a été si mystérieux, si étrange dans mon existence... que j'attends toujours l'explication du mystère... Ma femme et ma fille ont disparu, et depuis quinze ans rien n'a prouvé leur mort... Quand je n'étais que le capitaine Mateo, deux lettres qui nous ont réunis vous et moi sur la côte de Lipari... ont permis que je pusse succéder à mon père... Et nous n'avons jamais trouvé la trace de l'ami secret et dévoué qui nous les avait adressées.

(1) Talbot, Raoul, Roland.
(2) Roland, Raoul.

ROLAND. C'est vrai !

RAOUL. Le sire de Carrouges, mon plus mortel ennemi, m'a échappé sans que j'aie pu même l'entrevoir, comme si le ciel me défendait la vengeance, et c'est à cause de toutes les étrangetés de ma vie, que je suis devenu rêveur et solitaire, et que j'attends tout du hasard, qui me rendra peut-être la croix de Saint-Jacques, qui me livrera peut-être le sorcier d'Arabie... Je l'espère, parce que tout en ce monde m'est venu de l'inconnu. Et bien que j'aie souvent vu mon ciel se couvrir d'épais nuages, jamais ils n'en ont caché complétement à mes yeux et l'étoile et l'azur.

ROLAND. Vous avez raison d'espérer, comte... je crois comme vous que lorsque nous aurons fait sortir de ce monde le sorcier maudit, Messine verra s'évanouir le charme qui rend introuvable la croix perdue. Et je veux aller moi-même avec mes pages explorer la montagne. (*Il se dirige vers le fond.*)

RAOUL, *l'accompagnant*. Allez, Roland, le succès a rarement trompé votre vigilance... Allez ! (*Roland sort par le fond.*) Oui, j'ai toujours vu briller dans ma vie une lueur consolatrice... mes douleurs ont été grandes, l'amitié de Roland a été inépuisable, toujours un rayon dans la nuit, une perle dans les sables.

TALBOT, *entrant à droite*. Je vous annonce, monseigneur, les pèlerins.

RAOUL. Qu'ils entrent, capitaine ! (*Talbot les introduit et reste au fond.*)

〜〜〜〜〜〜〜〜〜〜〜〜〜〜〜〜〜〜〜〜〜〜〜

SCÈNE II.

RAOUL, CARROUGES, TAILLEFER, *tous deux en pèlerin.*

CARROUGES. Que Dieu soit avec le digne fils du protégé de saint Jacques !

RAOUL. Que Dieu soit avec vous, mes frères. Vous venez de Rome ?

CARROUGES. Et nous allons fonder à Candie un asile de secours pour ceux de nos frères qui se rendent en Terre Sainte.

RAOUL. Pourquoi ne vous êtes-vous pas embarqués de préférence à Naples ou à Salerne ?

CARROUGES. Parce que notre saint-père le pape nous a recommandé de traverser Messine afin d'y apporter au comte Raoul ses vœux et sa bénédiction. Et notre saint-père nous a dit dans sa sage prévoyance : pour que mon fils Raoul ne puisse douter de ma sollicitude, pour qu'il ne puisse vous confondre avec ces hommes audacieux qui prennent l'habit du pèlerin pour cacher de coupables projets...

RAOUL. Eh bien !

CARROUGES. Il vous suffira de lui remettre quelques mots écrits par moi... et..., (*Il remet ses ta-*

blettes à Raoul.) sa main auguste et vénérable a tracé ces mots sur ces tablettes.

RAOUL, *lisant.*

« *Spes in Deo, in cœlo fides.* »

Les mots sacramentels !.. Soyez bénis, mes frères, qui m'apportez la parole du saint père.

CARROUGES. Le bonheur vient toujours avec elle.

RAOUL. Je vais donner des ordres pour que tout le monde ici vous vénère... Suivez-moi, capitaine. (*Il sort, en causant avec Talbot, par le fond.*)

SCÈNE III.

CARROUGES, TAILLEFER.

CARROUGES (1). Si tu savais seulement mon nom, Matéo, mon cousin, tu serais moins empressé. (*A Taillefer, qui vient de s'asseoir à droite.*) Eh bien ! Taillefer ?

TAILLEFER, *se prélassant.* Eh bien ! mon frère ?

CARROUGES. Nous voici dans l'inabordable château qui contient les trésors de Messine.

TAILLEFER, *se levant.* Et une grande potence que j'ai vue dans la cour en passant.

CARROUGES. Toujours effrayé, Taillefer, toi qui jadis recherchais les obstacles.

TAILLEFER. C'est un goût qui m'est complétement passé.

CARROUGES. Sois donc tranquille, nous n'en aurons qu'un seul à franchir et nous avons fait en quelques heures plus de la moitié du chemin : le plus difficile était de nous approcher de Raoul et de gagner sa confiance.

TAILLEFER. Je crois, moi, que le plus difficile sera d'achever la route : le comte Raoul est sans cesse entouré de gardes... de défenseurs.

CARROUGES. Qu'importe !.. crois-tu donc que je n'aie d'autres armes que celles d'un ennemi vulgaire ?

TAILLEFER. Vous en avez donc d'invisibles ?

CARROUGES. Oui... Lorsque j'étais en Orient, Taillefer, j'ai vu un de nos chefs mourir au milieu de ses gardes en lisant une lettre qu'un Arabe avait à dessein perdue dans notre camp.

TAILLEFER. Une lettre ?

CARROUGES. Oui ! Gauthier comte de Bretagne, expira sous les murs d'Antioche en lisant une réponse à un cartel qu'il avait adressé à un shérif arabe.

TAILLEFER. En lisant ?

CARROUGES. Oui, parce qu'il y a des lettres qui tuent celui qui veut les lire. (*Il prend dans son escarcelle cachée sous sa robe une petite boîte de laquelle il tire avec précaution une lettre.*) Voici une de ces lettres que j'ai rapportée d'Orient et nous sommes dans le palais de Raoul de Messine.

TAILLEFER. Cette lettre peut devenir mortelle ?

CARROUGES. Pour celui qui l'ouvrira. En Orient on n'ouvre jamais la lettre d'un ennemi sans l'avoir approchée du feu, car ce poison s'enflamme avec la rapidité de l'éclair, et l'on ne lit que celles que le feu épargne... et Raoul, qui ne sait rien de tout cela, sera sans méfiance comme l'a été le comte de Bretagne.

TAILLEFER. Assurément ! (*L'examinant*) et rien ne peut faire soupçonner...

CARROUGES. Rien, absolument ! (*La lui offrant*) Vois, toi-même.

TAILLEFER, *refusant de la prendre.* Non, merci, je m'en rapporte à vous.

CARROUGES, *resserrant la lettre.* Tu vois bien que nous avons fait le plus difficile.

TAILLEFER. Encore faut-il faire remettre cette lettre à Raoul.

CARROUGES. Et tu penses bien que je ne puis la confier à des mains étrangères.

TAILLEFER. Non, elles pourraient être indiscrètes !

CARROUGES. Il n'y a donc qu'un de nous deux ?

TAILLEFER. Ou plutôt, à vrai dire, que vous seul...

CARROUGES. Pourquoi ?

TAILLEFER. Parce que moi je ne suis pas assez magicien, je pourrais faire quelque maladresse...

CARROUGES. Vienne une seule occasion... Je me charge de la saisir, et dès le lendemain, le sire de Carrouges, arrivant de Terre-Sainte, semblera débarquer tout nouvellement à Messine.

TAILLEFER. Ah ! quand nous en serons là !

CARROUGES. Silence ! on vient ! (*Ils rebaissent leurs capuchons sur leurs têtes.*)

SCÈNE IV.

LES MÊMES, RAOUL ; ROLAND, *puis* DANIEL.

RAOUL, *entrant avec agitation.* Je viens, mes frères, de charger mes pages des soins qui vous concernent.

CARROUGES, *s'inclinant.* Vous nous comblez, monseigneur.

RAOUL, *à Roland.* Et vous me disiez, connétable ?..

ROLAND. Je vous disais que le sorcier nous échappe encore !

RAOUL. Encore !

ROLAND. Mais nous tenons son complice.

RAOUL. Un complice ?

ROLAND. Oui, monseigneur, un homme qui, s'étant vêtu du manteau de l'Arabe, nous a trompés tous et nous a entraînés à sa poursuite jusque dans la plaine, tandis que le sorcier, profitant de notre erreur, gagnait les bateaux calabrois.

RAOUL. Cet homme, où est-il ?

_____

(1) Carrouges, Taillefer.

ROLAND. J'ai pu l'arracher à la fureur de la soldatesque... qui a brûlé le manteau du maudit ; je viens de confier le coupable aux gardes du palais qui vous l'amènent et je les ai devancés.

RAOUL. Ils tardent bien.... Roland. *(Roland va ouvrir la porte du fond, derrière laquelle est Daniel avec des gardes. — Musique. Daniel entre avec les gardes.)*

ROLAND. Le voici.

RAOUL, *qui est allé s'asseoir à droite après avoir examiné Daniel que les gardes font entrer.* C'est toi qui n'as pas craint de secourir le magicien maudit ?

DANIEL. J'ai secouru l'Arabe !

RAOUL. Tu savais ce dont il était coupable ?

DANIEL. Je savais ce dont il était accusé.

RAOUL. Tu n'avais donc pas lu un arrêt que j'ai signé ?

DANIEL. Je l'avais lu.

RAOUL. Et tu as osé ?..

DANIEL. Je devais beaucoup à l'Arabe, et la providence a voulu que je payasse ma dette, puisqu'elle a conduit Ben-Sadi mourant de fatigue à la porte de ma maison.

RAOUL. Oses-tu bien profaner ainsi le nom de la providence !

DANIEL. Je dis, monseigneur, que l'Arabe n'est ni sorcier ni enchanteur, puisque le ciel a pris sa défense, et vous allez en juger : Le ciel a voulu que pendant que vous signiez la sentence de l'Arabe, vous promettiez faveur à celui qui vous remettrait la croix du saint-martyr. Eh bien ! pendant que je sauvais Sadi, la providence mettait entre mes mains la croix libératrice.

RAOUL, ROLAND. La croix !

DANIEL. Je l'ai trouvée dans les roseaux qui bordent l'étang de la forêt.

RAOUL, *allant à lui.* Où est-elle ? *(Roland passe de l'autre côté de Daniel.)*

DANIEL (1). Et votre serment, monseigneur ?

RAOUL. Mon serment ! Je l'ai fait devant Dieu et sur l'Évangile. Tu me rappelles mon serment, toi qui as retrouvé la croix protectrice de Messine, la croix qui depuis quarante ans nous a gardés des éruptions de la montagne enflammée ; qui a protégé nos armes, fait mûrir nos moissons ! Tu ne sens donc pas dans ton cœur que le retour de cette croix dans le palais de Raoul c'est le pardon de toutes les fautes.

DANIEL. Soyez béni, mon Dieu !

RAOUL. Cette croix, où est-elle ?

DANIEL. Entre les mains de mes enfants.

RAOUL. De tes enfants !

DANIEL. Qui vont vous l'apporter en échange de ma vie !

(1) Raoul, Daniel, Roland, Carrouges, Taillefer, gardes, au fond.

ROLAND. Tu mens !

DANIEL. Je dis la vérité !

ROLAND. Si tu avais trouvé cette croix, tu ne l'aurais confiée à personne !

DANIEL. Je craignais, et je devais craindre que les soldats auxquels j'allais me livrer ne s'en emparassent en fouillant leur prisonnier.

RAOUL. Et quand doivent venir tes enfants ?

DANIEL, *regardant de loin par la fenêtre.* Ils devraient être ici, je ne sais ce qui les retient... Je ne me trompe pas !.. oui !.. j'aperçois mon fils !

RAOUL, *regardant.* Ce jeune homme qui accourt.

DANIEL. C'est Benjamin !.. c'est mon fils !

RAOUL. Allez, Roland, et qu'il soit introduit !

ROLAND. Je vais vous l'amener ! *(Il sort par le fond.)*

RAOUL, *allant à Carrouges, tandis que Daniel s'éloigne de la fenêtre (1).* Votre présence me porte bonheur, mes frères... l'allégresse va sans doute remplacer le deuil qui assombrit ma cité.

CARROUGES. Ce sera justice, monseigneur.

DANIEL, *à part, avec inquiétude.* Pourquoi, Benjamin, vient-il seul ? Est-ce qu'il serait arrivé malheur à Rachel ?.. Non... elle aura sans doute conseillé à son frère plus agile qu'elle de la devancer. *(La porte s'ouvre.)* Ah ! le voilà !

ROLAND, *montrant Raoul à Benjamin qu'il amène.* Voici le comte de Messine !

BENJAMIN, *suppliant.* Monseigneur. *(Il aperçoit Daniel.)* Mon père !

DANIEL. Benjamin !

BENJAMIN, *va en pleurant se jeter dans ses bras.* Oh ! mon père !

DANIEL. Pourquoi ces larmes, enfant ? le comte Raoul te rendra ton père en échange de la croix de salut.

RAOUL. Oui, je l'ai juré.

BENJAMIN. Oh ! malheur !

DANIEL. Qu'as-tu donc ?

BENJAMIN. Cette croix, mon père...

RAOUL ET DANIEL. Eh bien !

BENJAMIN. On nous l'a volée !

DANIEL, RAOUL ET ROLAND. Volée !

BENJAMIN (2). Oui, cette nuit... on a pénétré dans la maison, on nous a dépouillés... et moi, conduit par le désespoir, j'ai quitté Rachel éplorée, évanouie, pour venir me jeter suppliant aux pieds du comte Raoul. *(Il s'agenouille.)*

RAOUL. Qu'espères-tu donc ?

BENJAMIN, *se relevant.* Votre aide pour trouver le voleur, car seul... je ne puis rien, moi !

RAOUL. Misérables insensés ! qui aviez dans les mains votre fortune et qui au lieu de me l'apporter à moi, qui vous aurais ouvert mes trésors... avez voulu la mettre au service du démon... vous

(1) Daniel, Raoul, Carrouges, Taillefer.
(2) Daniel, Benjamin, Raoul, Roland, Carr., Taille.

parlez de voleurs !.. quand la croix sainte et bénite s'est retirée d'elle-même de la main des profanes et des possédés... Ah ! votre sang lavera l'offense que vous avez faite à Dieu ! et cent fois malheur à vous qui avez fait naître et mourir mon espoir. (*Roland se rapproche de Raoul comme pour le consoler.*)

BENJAMIN. Ah ! mon père !

DANIEL. Le ciel a voulu que le salut de Ben-Sadi me coûtât la vie.

BENJAMIN, *pleurant.* Mon père !

ROLAND. Venez ! vous que la mort va bientôt réunir...

DANIEL. Lui ! Benjamin ! mourir... (*Il passe.*) Mais je suis seul coupable !

RAOUL (1). Tu as donc oublié l'arrêt que tu as bravé ?

ROLAND. Qui aura prêté secours au sorcier sera mis à mort, ainsi que tous ceux qui sont nés de son sang.

DANIEL. Quoi ! condamnés aussi ! Benjamin et Rachel tués par moi parce que je leur ai donné la vie ! oh ! cela ne se peut pas... Non ! non !.. d'ailleurs ils ne sont pas tous deux nés du sang de Daniel... un seul d'entre eux est mon enfant ! l'autre est né de parents qui sont morts ; l'autre je l'ai sauvé d'un poison que des infâmes avaient il y a quinze ans, mêlé à son breuvage.

CARROUGES, *épouvanté, à part.* Que dit-il ?

DANIEL. Je lui ai donné l'assistance mais non pas la vie... Et vous ne pouvez pas punir celui que l'arrêt n'atteint pas !

RAOUL, *allant à Daniel.* Quelle preuve nous donneras-tu ?

DANIEL. L'acte baptistaire fait le jour même de sa naissance.

CARROUGES, *à part.* Malheur !

RAOUL. Et du fils ou de la fille, lequel est ton enfant ?

DANIEL. C'est... ô mon Dieu !

RAOUL. Eh bien ?

DANIEL. Je ne puis, monseigneur, nommer l'un sans tuer l'autre.

RAOUL. Il faut pourtant que tu nous dises...

DANIEL. Jamais !.. Non, jamais on n'arrachera du cœur d'un père la mort de son enfant ! Pitié !

RAOUL. Enfin... ton enfant, lequel est-ce ?

DANIEL, *avec égarement.* Je ne sais plus !

ROLAND. Cet acte baptistaire, où est-il ?

DANIEL. Ne me le demandez pas... je l'ai perdu, brûlé... Oh ! si jamais, monseigneur, vous avez aimé une créature digne d'amour, rappelez-la dans votre souvenir, et songez aux tortures qui auraient déchiré votre âme si l'on vous avait ordonné de la conduire vous-même à la mort.

RAOUL. Assez !

(1) Benjamin, Daniel, Roland, Raoul, Carrouges, Taillefer.

DANIEL. Si l'on vous avait condamné à la livrer vous-même au feu du bûcher qui dévore...

RAOUL. Assez !..

DANIEL. Au froid du fer qui déchire et qui tue !

RAOUL. Assez !

DANIEL, *tombant à genoux.* Vous eussiez crié grâce et pitié comme je le fais à cette heure !.. (*Se relevant.*) Oh ! mais vous ne pouvez comprendre ma souffrance, vous n'avez pas d'enfant !

RAOUL, *à part.* Oh ! douleur !

BENJAMIN, *bas à Daniel.* Sauvez Rachel, mon père !

DANIEL. Sauver Rachel, dis-tu ?.. Et si c'est Rachel qui est mon enfant... veux-tu donc que je mente et que je tue Benjamin ? (*Avec déchirement.*) O mes pauvres enfants !

RAOUL, *à Roland.* Connétable !.. faites emmener cet homme... (*Bas.*) Ses sanglots me font mal.

ROLAND, *désignant les gardes.* Suivez les gardes !

DANIEL, *avec inquiétude.* Et Benjamin ?.. (*A Raoul, en pleurant.*) Benjamin ?..

RAOUL. Dieu me garde d'opprimer qui peut être innocent ! Jusqu'à l'heure où nous aurons découvert lequel est ton enfant, il est libre !

BENJAMIN. Et Benjamin vous demande, monseigneur, la grâce d'accompagner jusqu'à la porte de sa prison celui dont il croit être le fils.

DANIEL, *lui tendant la main.* Viens, mon f... (*S'arrêtant avec frayeur et retirant sa main.*) Vous entendez, Monseigneur, je ne l'appelle pas mon fils... (*Avec résignation.*) Venez, Benjamin. (*Ils sortent avec les gardes.*)

CARROUGES, *à part, avec espoir.* Rien n'est encore dévoilé !

RAOUL, *à Roland.* Il faut, connétable, assembler le tribunal.

ROLAND. Sans retard, monseigneur... et le tribunal que je vais présider saura promptement la vérité.

RAOUL. Allez, connétable, je me fie à votre sagesse et à votre courage.

ROLAND. Et ce courage, monseigneur, ne vous fera jamais défaut. (*Il sort à gauche.*)

RAOUL, *aux pèlerins.* Vous, mes frères, qui êtes entrés dans ce palais à l'heure du châtiment, priez pour les coupables... Moi, je vais me recueillir pour m'apprêter à punir.

CARROUGES, *s'inclinant.* Que Dieu vous éclaire, monseigneur ! (*Raoul sort du même côté que Roland.*)

SCÈNE V.

CARROUGES, TAILLEFER.

CARROUGES, *avec agitation.* Eh bien ! Taillefer ?

TAILLEFER, *de même.* Eh bien ! mon frère ?

CARROUGES. Tu as sans doute reconnu comme moi dans la fille du prisonnier...

TAILLEFER. Celle de Raoul de Messine... Oui, il m'a suffi d'entendre parler de ce breuvage, et, de plus, en examinant le prisonnier, j'ai bien reconnu l'ancien compagnon de Juana.

CARROUGES, *réfléchissant.* Rachel, l'héritière de Raoul...

TAILLEFER. Non pas!.. puisqu'il vient de vous être bien prouvé que Daniel ignore que le comte Raoul est le Mateo d'autrefois.

CARROUGES. C'est-à-dire qu'il vient de m'être prouvé que Raoul découvrira dans les interrogatoires de Daniel l'existence de la fille de Mateo.

TAILLEFER, *effrayé.* En effet, je n'y songeais pas... et que voulez-vous faire ?

CARROUGES. Puisque le sort m'offre de nouveau la bataille qu'il y a quinze ans j'ai perdue, je veux la gagner, aujourd'hui que j'ai pour le combat des armes enchantées... Toi, tu vas sortir du palais ; tu quitteras aussitôt cet habit de pèlerin.

TAILLEFER. Et puis?

CARROUGES. Tu iras m'attendre avec deux chevaux sur le chemin de la montagne où je ne tarderai pas à te rejoindre.

TAILLEFER. Que n'y venez-vous avec moi?

CARROUGES. Ne faut-il pas d'abord que j'empêche Benjamin, qui est libre, de prendre la même route que nous.

TAILLEFER. En effet.

CARROUGES. Allons, va !..

TAILLEFER. Mais une fois dans la montagne, que ferons-nous?

CARROUGES. Tu le verras... nous n'avons pas le temps de causer ici... hâte-toi... (*Montrant la droite.*) Voici ton chemin.

TAILLEFER. Non... pas par là!..

CARROUGES. Pourquoi?

TAILLEFER. J'aime mieux ne pas passer du côté de la potence!

CARROUGES. Insensé !

TAILLEFER. Que voulez-vous?.. J'ai rêvé cette nuit que j'étais pendu... et ce qui nous arrive me fait craindre que mon rêve...

CARROUGES, *indiquant le fond.* Suis-moi donc par ici.

TAILLEFER. J'aime mieux ce chemin-là... quoique l'on dise que tout chemin peut conduire à la corde...

CARROUGES. Avec moi, Taillefer, tout chemin mène à la fortune.

TAILLEFER. Oui! dépêchons-nous donc de prendre le plus court.

CARROUGES. Viens donc ! (*Il sort rapidement par le fond. Changement à vue.*)

FIN DU TROISIÈME TABLEAU.

QUATRIÈME TABLEAU.

Même décor qu'au deuxième tableau du premier acte.

SCÈNE PREMIÈRE.

RACHEL, *venant du dehors par le fond.* Personne!.. cette femme n'est pas encore revenue. (*Elle s'assied près de la table.*) Alors je pourrai lui cacher que je suis allée jusqu'au bord du chemin... Je lui avais tant promis de rester dans cette chambre!.. (*Se levant avec impatience.*) Mais j'y rentre à peine que je voudrais déjà m'en éloigner... Pas de nouvelles de mon père et de Benjamin!.. Oh! si je pouvais courir à Messine!.. (*Voyant entrer Juana par la droite, et courant à elle.*) Eh bien?

SCÈNE II.

RACHEL, JUANA.

JUANA. Je n'ai rien pu savoir, mon enfant... Les passants sont si rares depuis que les soldats ont quitté la montagne!.. Et cependant je suis allée bien avant sur la route.

RACHEL. Benjamin ne revient pas, depuis ce matin qu'il est parti... S'il n'était pas prisonnier...

JUANA. La journée n'est pas encore achevée.

RACHEL. Non, mais elle s'achève. (*Avec résolution.*) Je veux aller à Messine !

JUANA. Vous ne le pourriez pas, pauvre enfant, qui êtes à peine remise de ce long évanouissement...

RACHEL. Oh! je trouverai bien la force.

JUANA. Non, mon enfant, c'est moi qui irai jusqu'à Messine et qui vous rapporterai des nouvelles.

RACHEL. Allons-y toutes les deux.

JUANA. Je serais coupable si j'y consentais, et d'ailleurs, seule, je pourrais, en me hâtant, rencontrer quelques charriots attardés, et avant une heure j'aurai atteint la ville.

RACHEL. Mais quand vous reviendrez, il fera nuit.

JUANA. Croyez-vous donc que le soleil a toujours éclairé mon chemin?.. Je ne crains pas la nuit, moi; et lorsque tout à l'heure j'avais déjà fait une partie de la route, j'étais tentée de la continuer jusqu'à la ville, car vos inquiétudes sont presque devenues les miennes.

RACHEL. Vous êtes bonne.

JUANA. Allons, bon espoir, je vous rapporterai peut-être quelques consolantes paroles... votre père a fait une bonne action, et Dieu le juge en même temps que les hommes.

RACHEL. Je veux vous accompagner jusqu'à la route... Je n'ai pas encore eu le temps de vous remercier.

JUANA. Mais vous me promettez que vous serez forte pendant mon absence.

RACHEL. Autant que je pourrai l'être.

JUANA. Venez donc !

(Elles sortent à droite ; comme elles sortent, Carrouges, qui vient d'ouvrir la porte du fond, les voit sortir ; il est vêtu comme au premier acte.)

SCÈNE III.

CARROUGES, *puis* TAILLEFER.

CARROUGES, *seul.* Rachel quitte la maison... pas pour longtemps sans doute, elle n'a pas pris sa mante... mais quelle est cette femme qui vient de sortir avec elle... si elle emmenait Rachel... appelons Taillefer... *(Il va à la porte du fond, fait un signe, et revenant.)* Oui, je vais le charger de la suivre... Le voici. *(A Taillefer.)* Rachel vient de sortir.

TAILLEFER, *vêtu comme au premier acte.* Elle va bientôt revenir... Une femme qui est avec elle la suppliait tout à l'heure de ne pas l'accompagner plus loin, et Rachel a promis de la quitter à quelques pas d'ici.

CARROUGES, *allant s'asseoir près de la table.* C'est bien.

TAILLEFER. Et vous, ne craignez-vous pas que Benjamin ne vienne ?

CARROUGES. Non, il m'a suffi de lui donner quelques faux indices pour le décider à chercher dans Messine celui qui s'est emparé de la croix de Saint-Jacques et cela l'occupera loin d'ici.

TAILLEFER. Et vous avez bien songé sans doute qu'aussitôt que le comte saura la vérité, il voudra avoir sa fille, et qu'alors un seul soupçon fera lever toute une armée dans Messine.

CARROUGES. Il n'aura pas de soupçons... Je t'ai déjà parlé d'une liqueur extraite des pavots d'Orient... l'abus de ce philtre donne la mort et les convulsions de la souffrance ; *(Lui montrant une fiole.)* mais la petite quantité que contient cette fiole ne peut causer qu'un sommeil, non pas lucide et merveilleux comme celui de l'influence magique, mais insensible et profond.

TAILLEFER. Ce sommeil aura son réveil.

CARROUGES. Il l'aurait si j'ignorais ce que je sais... Et la science, et les secrets inconnus, tu les comptes donc pour rien ?

TAILLEFER. Non pas... mais cependant si vous vouliez m'en croire...

CARROUGES. Que ferais-je ?

TAILLEFER. Vous donneriez tout simplement à Raoul la croix de Saint-Jacques, en échange d'un sac rempli d'or, que nous irions tranquillement dépenser loin d'ici... Ce serait plus facile et moins chanceux.

CARROUGES, *se levant.* La croix de Saint-Jacques?... je ne l'ai plus...

TAILLEFER. Vous ne l'avez plus ?

CARROUGES (1), *passant devant lui.* Parce que cette croix, talisman de Raoul, portait malheur à Carrouges.

TAILLEFER. Qu'en avez-vous donc fait ?

CARROUGES. Dis-moi, aucun Sicilien n'est assez hardi pour s'aventurer dans les gouffres que l'Etna a creusés sous la montagne ?

TAILLEFER. Non.

CARROUGES. Les cavernes dont on voit les ouvertures béantes au fond des précipices, sont donc bien impraticables ?

TAILLEFER. On s'y perd et l'on y meurt !

CARROUGES. Oui... je n'avais ni le temps ni la force de livrer au creuset cette croix... Et comme elle me faisait peur, je l'ai jetée dans un gouffre de la montagne. J'ai voulu qu'elle fût ainsi perdue pour tout le monde, et je me sens plus à l'aise.

TAILLEFER. Imprudent, qui n'avez pas songé que si vous échouez dans la lutte...

CARROUGES. Cette croix tant désirée pourrait sauver mes jours.

TAILLEFER. Et les miens ?...

CARROUGES. Mais ce n'est pas grâce et pitié que nous venons chercher ici... C'est victoire et vengeance... Et je me glorifie d'avoir brûlé derrière nous nos vaisseaux : le danger nous donnera la vigueur qu'il faut pour le triomphe.

TAILLEFER. Ah ! vous croyez que... *(A part.)* Oh ! mon rêve !... tu me reviens en mémoire.

CARROUGES. Mais, j'oubliais... prends une coupe, et mets-la sur cette table. *(Taillefer exécute ce qui lui est commandé.)* C'est bien, maintenant va m'attendre.

TAILLEFER, *en sortant par le fond.* Ah !.. je suis bien fâché d'avoir rêvé potence !..

CARROUGES, *seul.* Si pour témoigner de mon vif intérêt pour elle, j'allais à la rencontre de Rachel ?... C'est inutile... la voici !

____

(1) Taillefer, Carrouges.

SCÈNE IV.

CARROUGES, RACHEL.

RACHEL, *entrant par la droite.* Quelqu'un!...
C'est vous?...

CARROUGES (1). Je vous attendais.

RACHEL, *vivement.* Est-ce que vous venez de
Messine?

CARROUGES. J'en arrive.

RACHEL. Vous savez sans doute...

CARROUGES. Tout ce qui vous est arrivé?...

RACHEL. Mon père...

CARROUGES. Est prisonnier... mais prisonnier
seulement!...

RACHEL. Benjamin...

CARROUGES. Est libre, et se désole en cherchant les prétendus voleurs... Mais, moi, qui ai
d'autres idées, je suis accouru vers vous.

RACHEL. D'autres idées?

CARROUGES. Vous croyez, votre frère et vous,
que la croix bénite vous a été volée, et je crois,
moi, que vous êtes dans l'erreur. Tout homme qui
s'en serait emparé se serait empressé de la porter
au comte Raoul, en échange de la récompense
promise.

RACHEL. C'est juste!

CARROUGES. Et la croix n'a pas été remise à
Raoul... donc, elle n'est encore au pouvoir de
personne.

RACHEL. Mais où est-elle alors?

CARROUGES. Elle est ici... En quel endroit? je
l'ignore... comme vous l'ignorez vous-même...
Mais elle est assurément là, où dans votre égarement vous l'avez mise à votre propre insu...

RACHEL, *désignant la table.* Je l'avais mise dans
ce meuble...

CARROUGES, *allant examiner la table.* Est-ce
qu'on l'a brisée?

RACHEL. Non...

CARROUGES. On ne l'y a donc pas prise?

RACHEL. Mais précisément comme je venais de
l'y mettre, vous êtes vous-même entré avec moi
dans la maison... et...

CARROUGES, *l'interrompant.* Oui, pour interroger votre avenir... et, tandis que je vous ques-
tionnais, une fatigue invincible s'est emparée de
vous...

RACHEL. Et puis?...

CARROUGES. Ne pouvant résister à cet accablement, vous m'avez congédié.

RACHEL. Je ne m'en souviens pas.

CARROUGES. Vous voyez que la mémoire vous
échappe... et c'est sans doute quand vous étiez
dans cet état fébrile que vous avez enfoui, sans
réflexion, l'objet qui occupait tout votre esprit.

RACHEL. C'est possible!...

CARROUGES. Écoutez-moi donc bien... Nous au-

(1) Carrouges, Rachel.

tres, hommes de mer, nous voguons souvent au
hasard, cherchant les passages à travers les cou-
rants et les écueils, et nous n'avons pour nous
guider, au retour, que le souvenir de la route
que nous avons faite avec tant de précaution et
de peine: mais il arrive quelquefois que la tempête, qui nous force à lutter avec la mort, para-
lyse nos cœurs épouvantés, et que nous perdons
le courage et la mémoire, et quand nous sommes
égarés en mer, quelques gouttes de ce philtre
puissant... (*Lui montrant la fiole.*) nous rendent
la force et le souvenir... Le danger de votre père,
pauvre fille, a été pour vous la tempête qui a
paralysé votre cœur fatigué... (*Il verse le philtre
dans la coupe, sur la table.*) Et peut-être vous
suffira-t-il de boire ce philtre réparateur pour que
peu à peu la confiance et la mémoire vous re-
viennent.

RACHEL, *allant vers lui.* Quoi! je pourrais voir
la lumière dans l'obscurité qui m'enveloppe, et
trouver le salut de mon père!...

CARROUGES. Peut-être! il ne faut pas se réjouir
à l'avance... Trop d'accablement vous a nui dans
le chagrin, il ne faut pas que trop d'exaltation
vous égare dans vos espérances.

RACHEL. Vous avez raison!... je suis insensée!

CARROUGES. Sachez donc modérer vos trans-
ports... (*Il se dirige vers la porte, à droite.*) Je
retourne dans ma maison de la montagne. (*S'arrêtant près de la porte.*) Et je serai prêt à vous
servir au moindre appel.

RACHEL. Merci!

CARROUGES. Adieu!

RACHEL. Adieu! (*Carrouges sort par la droite.*)

SCÈNE V.

RACHEL. Oui, j'ai été la proie d'un mal qui
avait engourdi mon âme en agitant mon cœur...
Si ce breuvage pouvait m'apprendre ce que j'ai
fait dans mon délire... (*Elle s'approche de la table
pour prendre la coupe. Ben-Sadi entre rapidement par le fond et referme la porte.*)

SCÈNE VI.

RACHEL, SADI.

RACHEL. Quelqu'un!

SADI (1). Rachel!

RACHEL. L'Arabe! encore ici?

SADI. Soyez sans crainte. (*Regardant dans la
chambre.*) Où donc est Benjamin?

RACHEL. A Messine, où mon père est prisonnier.

(1) Rachel, Sadi.

SADI. Oui, car vous avez perdu la croix... Je le sais. (*A part.*) Pauvre fille ! comme elle est pâle. (*Haut*). Et je viens vous dire de vivre et d'espérer, Rachel, car je vous apporte le moyen de sauver votre père.

RACHEL. Sauver mon père ! parlez !

SADI. Vous allez courir en toute hâte à Messine, vous demanderez, vous, fille du prisonnier, à vous approcher du comte Raoul.

RACHEL. Et puis ?

SADI. Vous lui offrirez en échange de votre père de lui livrer le sorcier Ben-Sadi.

RACHEL. Moi !

SADI. Et quand Daniel et Benjamin seront libres, Sadi mourra sans regrets, Sadi que vous pleurerez tous trois comme s'il avait été de la famille... Hâtez-vous donc, Rachel !

RACHEL. Mon père, sauvé à ce prix, maudirait l'existence...

SADI, *cherchant à la faire sortir.* Ses enfants la lui feront aimer encore.

RACHEL, *résolument.* Jamais ! si je livrais Ben-Sadi mon père mourrait de douleur en méprisant sa fille.

SADI, *avec désespoir.* Mais que faire, mon Dieu ? que tenter ? En me livrant moi-même, je ne les sauverais pas !

RACHEL. Attendez ! il y a peut-être un moyen de sauver mon père, sans que vous soyez forcé de mourir à sa place.

SADI. Je ne vous comprends pas.

RACHEL. Écoutez : la croix bénite ne nous a pas été prise, et je ne puis savoir où je l'ai cachée, car j'étais la nuit passée, dévorée par une fièvre qui m'avait rendue folle. Mais l'on vient de m'apporter un breuvage qui me donnera la mémoire, et si je puis me souvenir... Si je puis trouver la croix de Saint-Jacques, vous n'aurez pas besoin de mourir pour acheter la vie de mon père.

SADI. Un breuvage qui donne la mémoire ?

RACHEL. Oui.

SADI. Où est-il donc ?

RACHEL, *lui montrant la coupe qui est sur la table.* Dans cette coupe, et j'allais le boire quand vous êtes entré.

SADI, *qui a pris la coupe* (1). Mais je ne me trompe pas,.. cette liqueur est extraite de nos pavots d'Orient.

RACHEL. Je ne sais.

SADI, *qui en a versé une goutte dans sa main.* L'opium !.. cette boisson, Rachel, au lieu de vous donner la mémoire engourdirait tous vos souvenirs.

RACHEL. Comment ?

SADI. C'est un poison.

RACHEL. Un poison ?

SADI, *le jette à terre et repose la coupe.* Qui, Dieu merci, n'est plus à craindre.

RACHEL. Mon Dieu !

SADI. Et qui vous avait donné ce breuvage ?

RACHEL. Le voyageur !

SADI. Quel est cet homme ?

RACHEL. Je le connais à peine, mais quel intérêt pourrait-il avoir ?..

SADI. S'il vous a volé la croix de Saint-Jacques, il doit craindre vos révélations.

RACHEL. Lui !

SADI. Je le soupçonne !.. Et dites-moi quand vous avez eue cette fièvre, y avait-il longtemps que vous aviez vu cet homme ?

RACHEL. Il venait de me quitter, le soir même, et il était entré ici, où il m'avait promis de lire dans mon avenir.

SADI. Et vous a-t-il offert quelque breuvage ?

RACHEL. Non, il me mit d'abord au doigt cette bague. (*Regardant sa main, et avec surprise.*) Je ne l'ai plus.

SADI, *vivement.* Il l'a reprise, sans doute... Ensuite ?

RACHEL. Il me parla longtemps en cherchant à lire dans mes yeux ce qui devait aider sa prédiction, mais la fatigue m'accabla si fort que je ne sais plus ce qui arriva.

SADI, *réfléchissant.* Est-ce qu'il aurait employé.. Non !.. C'est impossible... Pourtant celui qui a pu rapporter d'Asie l'opium, aurait pu aussi peut-être.

RACHEL. Que pensez-vous ?

SADI. Après vous avoir mis une bague au doigt, que vous a dit cet homme ?

RACHEL. D'abord de mettre une lumière sur cette table, puis de m'asseoir.

SADI. Dites-moi, Rachel, avez-vous confiance en moi qui suis décidé à mourir pour vous rendre votre père ?

RACHEL. Comme en mon père lui-même.

SADI. Merci ! alors, allumez une lumière... posez-la sur cette table et asseyez-vous. (*Musique.— Rachel prend une lampe sur le meuble du fond, l'allume au cierge de la madone et s'assied sur un signe de Sadi. Sadi allant prendre un siège.*) Et quand vous fûtes assise, prenant un siège comme je le fais, il a dû venir comme moi s'asseoir à vos côtés. (*Il s'assied près d'elle.*)

RACHEL (1). Oui.

SADI. Et prenant votre main comme je la prends à cette heure, il a dû vous dire à peu près les paroles que voici : Les yeux, Rachel, sont un miroir qui reflète à la fois la pensée et les secrets du destin ; laissez-moi donc fixer attentivement et consulter les vôtres.

RACHEL. Il m'a dit cela.

____

(1) Sadi, Rachel.

(1) Rachel, Sadi.

SADI. Puis il vous a recommandé de chercher à voir dans son regard des traces insaisissables.

RACHEL. Oui.

SADI. Et qu'avez-vous aperçu dans ses yeux ?

RACHEL. J'ai vu dans ses yeux une flamme s'agiter et grandir pareille à celle que je vois maintenant dans les vôtres.

SADI. Quand cette flamme s'échappe d'un œil peu sincère (*Il se lève sans lui quitter la main*), elle brûle, elle accable ; mais quand c'est un cœur bienfaisant et pur qui l'a produit, elle console, elle soulage.

RACHEL, *avec béatitude.* C'est vrai.

SADI, *la fixant avec immobilité.* Et de ce regard qui plonge, s'échappe souvent comme un suave et lointain concert que l'âme écoute avec un ineffable recueillement ; puis peu à peu... la voix qui parle semble s'éloigner... (*Rachel ferme les yeux.*) Les yeux se ferment, le monde un instant s'efface... et le cœur oublieux... se tait... se calme... et se repose. (*Il quitte la main de Rachel et la laisse tomber.*) Elle dort ! (*Il remet le siége où il l'a pris.*) On l'avait endormie... Oh ! je vais tout savoir... car si le réveil apporte l'oubli... le sommeil révèle tous les faits qui se sont passés dans le sommeil... Voyons d'abord la mesure de la confiance de Rachel... Vous êtes heureuse ainsi, mon enfant? (*Elle fait de sa tête un signe affirmatif.*) Alors je me retire... (*Il se dirige vers la porte.*) Adieu !

RACHEL, *endormie, se levant.* Oh ! mais je veux vous suivre.

SADI, *revenant.* C'est inutile... je reste !

RACHEL. Merci. (*Elle se rassied.*)

SADI, *venant à elle.* Et savez-vous maintenant ce que vous avez fait de la croix ?

RACHEL, *endormie.* Je la lui ai donnée.

SADI. Au voyageur ?

RACHEL. Oui !

SADI. Pourquoi la lui avez-vous donnée ?

RACHEL. Il le voulait.

SADI. Vous ne pouviez donc résister ?

RACHEL. Il m'avait endormie !

SADI. Qu'en a-t-il fait de la croix ?

RACHEL. Je ne sais...

SADI. L'a-t-il portée à Raoul ?

RACHEL. Non.

SADI. Il l'a donc encore entre les mains?

RACHEL. Non, puisqu'elle est...

SADI. Où donc?

RACHEL. Je ne la vois plus.

SADI. Il faut pourtant me la désigner... Votre père et votre frère l'attendent.

RACHEL. Oui.

SADI. Et elle est ?...

RACHEL. Je ne puis... Je... Oh !... ça me fait mal dans la tête...

SADI. Cherchez sans impatience.

RACHEL. C'est si profond !

SADI. Profond !... Est-ce qu'elle serait dans l'étang?

RACHEL. Non.

SADI. Dans un gouffre de la montagne ?

RACHEL, *très-vivement.* Oui !

SADI. En êtes-vous sûre?

RACHEL, *de même.* Oh oui !... Je la vois bien suspendue aux branches d'un arbre tombé dans le gouffre.

SADI, *à part.* C'est étrange !... (*Haut.*) Quand il faudra l'aller chercher pour arrêter le bras de l'exécuteur prêt à frapper votre père, trouverons-nous un chemin?

RACHEL. Il y en a un.

SADI. Bien difficile, sans doute... mais nous le prendrons ensemble.

RACHEL. Pas maintenant !

SADI. Pourquoi?

RACHEL. Il nous empêcherait de passer.

SADI. Qui ?

RACHEL. Le voyageur !

SADI. Vous le voyez?

RACHEL. Il vient ici.

SADI. Il vient... est-il seul ?

RACHEL. Ils sont deux... ils arrivent à la porte. (*On entend frapper.*)

SADI. Rassurez-vous, Rachel, je ne leur ouvrirai pas.

RACHEL. Ils ont une clé.

SADI. Mon Dieu ! (*Il souffle la lumière.*) Dieu créateur, que nous réservez-vous? (*Il se glisse dans l'alcove derrière le rideau. Bruit de serrure; la porte s'ouvre lentement.*)

SCÈNE VII.

LES MÊMES, CARROUGES, TAILLEFER.

CARROUGES. Rachel ne nous a pas répondu... Quelle obscurité!.. (*Il s'approche.*) La voici! Rachel ! Rachel ! (*La contemplant.*) Elle dort... (*Il passe derrière elle, prend la coupe sur la table et l'examine.*) Elle a bu l'opium. (*Allant à Taillefer qui est entré derrière lui.*) Dépose cela sur cette table... (*Taillefer dépose sur la table un petit trépied qu'il portait sous son manteau et revient près de Carrouges.*) Maintenant, donne-moi cette lumière... (*Il désigne la madone; Taillefer va prendre le cierge.*) Oui, les vapeurs qui s'échapperont du feu de ses pierres sulfureuses, achèveront ce que l'opium a commencé. (*Il prend le cierge des mains de Taillefer.*) Maintenant va fermer cette fenêtre. (*Tandis que Taillefer va fermer la fenêtre, il allume le réchaud, regardant autour de lui.*) Cette chambre est bien close... (*Remarquant Rachel et s'éloignant d'elle.*) Oh !..

pourquoi n'est-elle pas morte enfant... (*A Taille-fer.*) Eh bien! Taillefer?

TAILLEFER. Me voici.

CARROUGES. Partons!

TAILLEFER. Vous croyez que ce feu suffira?

CARROUGES. Allons, trêve de questions!.. Je souffre ici, moi, dépêchons!

TAILLEFER. Je vous suis, maître! (*Ils sortent par la droite. Sadi, que l'on a déjà vu soulever le rideau, les voit sortir. Il rentre en scène.*)

SADI. Les infâmes! cette vapeur sulfureuse se-rait la mort si je n'étais pas là pour éteindre ce feu?.. (*Cherchant dans la chambre.*) Mais où trouver ici de l'eau?.. je ne sais pas!

RACHEL, *endormie.* Derrière moi dans un vase.

SADI. Oh! merci, Rachel! (*Il prend le vase sur le meuble au fond et éteint le feu.*) Mais déjà l'atmos-phère est étouffante, je vais ouvrir... (*S'arrêtant près de la fenêtre.*) Mais si les meurtriers sont près d'ici... si regardant en arrière ils voyaient cette fenêtre ouverte, ils reviendraient... Rachel!.. voyez-vous les hommes qui sortent d'ici?

RACHEL. Oui.

SADI. Où sont-ils?

RACHEL. Dans le fond du ravin.

SADI. Dans le ravin! (*Il ouvre rapidement la fenêtre.*) Alors ils ne pourront voir ni la vie qui nous arrive, ni le danger qui s'envole... Et dites-moi, mon enfant, la croix bénite est-elle loin d'ici?

RACHEL. De l'autre côté de la montagne.

SADI, *très vivement.* Pourrions-nous traverser maintenant la montagne sans être aperçus de nos ennemis?

RACHEL. Non, sans doute.

SADI, *de même.* Que faire alors?

RACHEL. Attendre qu'ils soient retournés à la ville.

SADI, *de même.* Attendre!.. Mais Daniel ne peut attendre...

RACHEL. Pauvre père!.. s'il avait la bague...

SADI. La bague! (*A part.*) Que veut-elle dire? (*A Rachel.*) S'il avait la bague, qu'en ferait-il?

RACHEL. Il la lui donnerait!

SADI. A qui?

RACHEL. Au comte Raoul.

SADI. Et alors le comte Raoul?..

RACHEL. Ne signerait pas la sentence!

SADI, *à part.* Étrange mystère!.. de quelle bague parle-t-elle?.. (*A Rachel.*) Cette bague, Daniel la porte peut-être à son doigt?

RACHEL. Non, puisqu'elle est à la madone.

SADI. A la madone... (*Il va prendre à la ma-done la bague suspendue à son bras.*) En effet... une bague!.. (*A Rachel.*) Pourquoi cette bague arrêtera-t-elle Raoul?

RACHEL. Parce que...

SADI. Eh b... n?

RACHEL. Je le sens, mais je ne pourrais l'expli-quer.

SADI. Oh! prodigieux pressentiment du som-meil, si j'avais le temps d'interroger et d'appro-fondir... mais, non, le tribunal délibère peut-être. (*A Rachel.*) Il faudrait, n'est-ce pas, que cette bague fût remise à Raoul?

RACHEL. Sans retard.

SADI. Comment la lui faire parvenir?

RACHEL. Par Benjamin!

SADI. Benjamin?.. mais où le trouver?

RACHEL. Il arrive ici.

SADI. Lui! (*L'apercevant.*) Benjamin!

BENJAMIN, *qui entre par le fond* (1). Qui est là?

SADI. Entrez!

BENJAMIN. Sadi! vous ici... et Rachel?

SADI. La voici!

BENJAMIN, *allant à elle.* Rachel, encore éva-nouie?

SADI. Non, mais endormie du sommeil magique.

BENJAMIN. Du sommeil à l'aide duquel, m'a dit mon père, vous enfantez des prodiges.

SADI. Quand Dieu le permet... mais voici ce qu'il vous ordonne à cette heure. Vous allez cou-rir en toute hâte à Messine, et vous donnerez cette bague au comte Raoul, de la part des enfants de Daniel.

BENJAMIN. Et alors?...

SADI. Le comte ajournera le supplice.

BENJAMIN. Pourquoi?

SADI. Je l'ignore!

BENJAMIN. Et qui vous a dit?

SADI, *passant vers Rachel* (2). Rachel endormie, qui voit dans l'inconnu.

BENJAMIN. Rachel!

SADI. Rachel qui m'a dit aussi dans son sommeil que la croix de Saint-Jacques vous a été volée par des ennemis de Raoul et jetée dans un gouffre de la montagne.

BENJAMIN. Est-ce possible?

SADI. Et que cette croix est restée suspendue aux branches d'un arbre tombé dans le précipice, mais ce secret que vous sauriez seul, si je venais à mourir, ne le révélez pas encore... les hommes refuseraient d'y croire... Allez, et faites ce que Rachel nous conseille.

BENJAMIN. Oui... je m'abandonne au prodige! Je pars!

SADI. Espérance, Benjamin, et confiance!

BENJAMIN. Confiance, je l'ai toujours en Dieu.

SADI. Allez! allez!.. (*Benjamin sort en courant par le fond. Sadi reste appuyé sur la porte en le regardant partir. Le rideau tombe.*)

---

(1) Rachel, *endormie*, Benjamin, Sadi.
(2) Rachel, Sadi, Benjamin.

FIN DU QUATRIÈME TABLEAU.

CINQUIÈME TABLEAU.

Une petite cabane abandonnée, porte au fond, porte à gauche, toutes deux donnant dehors ; près de cette porte latérale , et au deuxième plan , une fenêtre. Des lianes et des herbes poussées dans les murailles.

SCÈNE PREMIÈRE.

JUANA, RACHEL.

JUANA *entre en scène par le fond en examinant autour d'elle.* Oui, c'est bien la cabane abandonnée que nous a indiquée l'homme qui guidait Rachel... ici, une autre porte *(Elle l'ouvre)*, elle conduit dehors... puis cette fenêtre... bien. J'ai dû, par prudence, entrer ici la première, et je puis maintenant appeler Rachel... *(Elle ouvre la porte du fond et parle au dehors.)* Venez, enfant!.. Elle ne m'entend pas... toujours absorbée... Ah! elle m'aperçoit... Elle vient...*(Rachel vient à elle.)* Entrez!.. nous ne nous trompions pas... Voyez, ces herbes et ces lianes poussées dans ces murs prouvent que depuis longtemps déjà cette cabane est déserte.

RACHEL. Oui.

JUANA. J'ai tout examiné... et nous serons bien seules ici, je l'espère, jusqu'à l'heure où votre guide de cette nuit viendra à votre aide... Cependant comme il faut tout craindre et tout prévoir... voyez cette seconde porte, elle donne sur un sentier qui serpente à travers d'épaisses broussailles dans lesquelles vous pourriez vous cacher, si quelque étranger venait ici ; cet homme qui vous a remis cette nuit entre mes mains, quand vous m'avez rencontrée tous deux sur la route, m'a bien recommandé de vous cacher à tous les regards.

RACHEL. Oui, je me souviens qu'il nous a fait jurer que j'éviterais tout le monde.

JUANA. Et si vous êtes forcée de vous cacher ainsi, dès que je serais seule, j'ouvrirais cette fenêtre et cela vous indiquerait que vous pouvez revenir en toute sûreté près de moi.

RACHEL. Oui... merci... mais pourquoi faut-il que je m'isole ainsi ?

JUANA. Je ne sais.

RACHEL. C'est peut-être parce qu'on veut me soustraire au bourreau qui menace mon père... on ne sait donc pas qu'il y aurait plus d'humanité à me laisser mourir avec lui.

JUANA. Cet homme qui vous accompagnait cette nuit et dans lequel vous avez confiance, n'est-ce pas?

RACHEL. Oh! oui.

JUANA. Ne nous a-t-il pas dit d'espérer que votre père serait sauvé?

RACHEL. Oui, mais alors pourquoi me cacher ?

c'est peut-être pour me soustraire à celui qui a voulu me tuer.

JUANA. Vous tuer?

RACHEL. Oui, celui qui m'a volé la croix.

JUANA. La croix de Saint-Jacques. Et vous savez qui s'en est emparé?

RACHEL. Je le crois, mais je ne pourrais l'affirmer et cependant... c'est l'Arabe qui me l'a dit...

JUANA. Un Arabe vous conseille... alors vous avez raison d'avoir espoir et confiance.

RACHEL. Vous croyez donc aussi aux miracles des Arabes ?

JUANA. Quand j'avais votre âge, un Arabe m'a sauvée de la mort... et s'il était près de moi maintenant, je saurais bientôt ce que sont devenus mon époux et ma fille.

RACHEL. Pauvre femme, c'est moi qui vous empêche de courir à leur recherche... Oh! quittez-moi... partez !

JUANA. Je partirai bientôt... je brûle d'impatience, et je me plais à vous secourir parce que j'espère que cela me portera bonheur.

RACHEL. Dieu est juste... mais n'entendez-vous pas marcher.

JUANA, *allant écouter à la porte du fond.* Non, c'est votre imagination... mais, oui, l'on vient de ce côté.

RACHEL, *montant la scène.* Si c'était l'Arabe...

JUANA, *l'arrêtant.* Et si c'était votre assassin.

RACHEL, *effrayée.* Mon Dieu !

JUANA. Eloignez-vous... par prudence.

RACHEL. Oui, et j'attendrai patiemment le signal.

JUANA. Allez! *(Rachel sort par la gauche. — Juana regardant avec précaution par la porte du fond.)* C'est un jeune homme... Il semble hésiter et chercher. *(Ouvrant la porte.)* Mais je ne me trompe pas... c'est le frère de Rachel !

BENJAMIN, *accourant.* C'est vous, femme... Je vous cherchais.

JUANA (1). Vous me cherchiez.

BENJAMIN. Je viens de la maison de mon père où je n'ai pas trouvé Rachel, quand un bûcheron que j'ai questionné, m'a dit avoir vu deux femmes qu'il me désigna prendre le chemin de la vallée des broussailles et je vous cherchais toutes deux... Où est donc Rachel ?

____

(1) Benjamin, Juana.

JUANA. Près d'ici... J'ai dû l'éloigner puisque l'Arabe a recommandé qu'elle fût cachée à tous les yeux.

BENJAMIN. Oui, il a dû le faire parce qu'il ne sait pas lui... que Rachel n'a plus rien à craindre.

JUANA. Elle n'a plus rien à craindre... Dieu soit loué... je vais l'appeler. (*Elle passe.*)

BENJAMIN, *l'arrêtant* (1). Non... pas encore... ah ! mon Dieu ! je tremble à l'idée de la voir.

JUANA. Qu'avez-vous donc ?.. est-ce que votre père ?

BENJAMIN. Non... son supplice, est, dit-on, retardé d'un jour.., écoutez-moi, femme... car je vais vous adresser des paroles suppliantes et douloureuses.

JUANA. Vous disiez tout-à-l'heure que Rachel n'avait plus rien à craindre.

BENJAMIN. Et peut-être est-elle plus à plaindre que si le bourreau la réclamait... c'est moi qui dois mourir avec mon père. Et demain Rachel sera seule dans le monde... Et c'est vous... que le frère, l'ami de Rachel vient supplier de la sauver du désespoir... Ne devez-vous pas bientôt vous rendre sur les traces de votre famille, à Lipari dont le port vient d'être rouvert ?

JUANA. Dans quelques heures, je l'espère.

BENJAMIN. Eh bien, il faut que vous puissiez, sous un prétexte que nous chercherons ensemble, entraîner avec vous Rachel loin de Messine où son père adoptif et son fiancé vont mourir.

JUANA. Mais l'Arabe ! l'Arabe !

BENJAMIN. L'Arabe ne peut pas changer nos destinées : vous allez en juger vous-même : Nous ne sommes pas, Rachel et moi, les deux enfants du même père.

JUANA. Et votre père a refusé de désigner le sien, j'ai appris cela hier à Messine.

BENJAMIN. Eh bien ! cette nuit, l'Arabe que mon père a sauvé, ayant pu s'introduire auprès de Rachel, l'a endormie d'un sommeil révélateur, et Rachel voyant l'impénétrable vérité, a déclaré qu'il fallait qu'une bague fût remise au comte Raoul, et je fus chargé de cette bague.

JUANA. D'où venait-elle ?

BENJAMIN. Mon père nous avait dit que la mère de Rachel ou de moi l'avait portée jadis, et, chemin faisant, j'ai ouvert cette bague et lu les noms qu'elle contenait.

JUANA. Eh bien ?

BENJAMIN. A côté des noms du père et de la mère était celui d'une fille.

JUANA. D'une fille ?

BENJAMIN. Les parents étrangers étaient donc ceux de Rachel, et mon père a mis au monde un fils.

JUANA. Oui, sans doute.

(1) Juana, Benjamin.

BENJAMIN. Maître de cette révélation, qui garantit Rachel, je me suis hâté de faire remettre cette bague au comte Raoul, et je vous supplie maintenant, vous, que la Providence semble avoir conduite sur mon chemin, de prendre pitié de l'orpheline et presque de la veuve.

JUANA. Mais elle mourra, si vous mourez... Elle me l'a dit cent fois, la pauvre enfant !..

BENJAMIN. Vous lui direz d'abord que Daniel et Benjamin sont exilés.... qu'ils reviendront un jour...

JUANA. Daniel !... Benjamin !...

BENJAMIN. Oui... ces noms-là n'étaient pas gravés dans la bague.

JUANA. Et les noms gravés, quels étaient-ils ?

BENJAMIN. Juana, Mateo, Juanita.

JUANA. Juana, Mateo, Juanita !

BENJAMIN. Vous les avez connus ?

JUANA. Connus !... mais, Mateo !.. c'était mon époux !

BENJAMIN. Votre époux !...

JUANA. Juanita, c'est ma fille !

BENJAMIN. Mon Dieu !

JUANA. Ma fille !...

BENJAMIN. Vous êtes donc Juana ?

JUANA, *poursuivant sa pensée.* Ma fille, élevée par Daniel !.. Et vous, Benjamin, que j'ai vu tout enfant... (*Lui prenant les mains.*) Benjamin, que j'ai bercé !.. Mais pourquoi ce nom de Rachel ?

BENJAMIN. Mon père nous a dit avoir changé le nom d'un de nous deux.

JUANA. Et Rachel est ma Juanita ?..

BENJAMIN. Oui, votre Juanita, qui aura maintenant une mère... un refuge... Où est-elle ?... Il faut l'appeler !..

JUANA, *allant à la fenêtre.* Oui, oui... Cette fenêtre ouverte est le signal convenu... (*S'arrêtant tout-à-coup près de la fenêtre.*) Mais non !... En apprenant l'existence de sa mère, elle apprendra aussi qu'elle n'est pas la fille de Daniel... que Benjamin doit être condamné avec son père... et elle me l'a dit, le coup qui les frapperait la tuerait !..

BENJAMIN. Oui, peut-être... Sachez donc l'emmener d'abord dans l'ignorance de sa destinée et de la nôtre... Et, plus tard, quand elle apprendra que nous aurons quitté la terre, elle trouvera près d'elle une mère consolatrice.

JUANA. Une mère impuissante et désolée... une mère inconnue... qui ne pourrait jamais guérir la blessure que lui ferait votre mort... Et Mateo, son père, mon époux ?... où est-il ?...

BENJAMIN. Il n'a jamais reparu... Daniel l'a vainement cherché...

JUANA, *pleurant.* Mon Dieu !.. Seigneur, après quinze ans d'exil, de misère et de douleur, vous m'apprenez la mort de mon époux... vous me rendez ma fille sur le bord de la tombe, et je retrouve Daniel, son sauveur, sur le bûcher de la justice !...

BENJAMIN. Pas encore, Juana, pas encore... Son fils garde un espoir...

JUANA. Un espoir ?...

BENJAMIN. Que je peux vous confier à présent.

JUANA, *vivement*. Quel est-il ?

BENJAMIN. Ben-Sadi, l'Arabe...

JUANA. Ben-Sadi.

BENJAMIN. Vous avez dû le connaître autrefois.

JUANA. C'est lui qui m'a secourue, et je crois à sa parole.

BENJAMIN. Ben-Sadi m'a confié qu'il avait appris par votre fille, endormie, que la croix bénite, volée par des ennemis de notre maître, avait été jetée dans un des gouffres de la montagne ; qu'elle était restée suspendue aux branches d'un arbre tombé dans l'espace, et je veux descendre dans les cavernes, je veux rapporter la croix ou mourir dans l'abîme.

JUANA. Et si vous trouviez la croix ?

BENJAMIN. Je trouverais la grâce de mon père et la mienne.

JUANA. Et le salut de ma fille !.. Benjamin !.. vous ne descendrez pas seul dans les cavernes du volcan...

BENJAMIN. Comment ?

JUANA. Moi aussi, je veux exposer ma vie pour votre salut à tous.

BENJAMIN. Vous, Juana ?

JUANA. A deux on a double force et double espoir.

BENJAMIN. Non... Laissez-moi tenter seul... Je peux risquer ma vie, moi, je suis condamné à mort.

JUANA. Et moi, dont la fille ignore l'existence, ne puis-je pas mourir sans coûter une larme au monde ? Mais si je puis trouver le salut de mon enfant... Je pourrai dire alors, moi aussi j'ai travaillé à ton bonheur, enfant que la vie fait sourire, donné un regard à ta mère... Où est le gouffre ?

BENJAMIN. On ne peut y arriver que par les cavernes inconnues.

JUANA. Venez donc !

BENJAMIN. Juana, le chemin est effrayant !

JUANA. J'ai vu sans trembler les incendies, les ouragans et les tempêtes.

BENJAMIN. Juana, les cavernes sont remplies de feux follets qui éclairent, entraînent et perdent les téméraires.

JUANA. Nous aurons à nous deux double prudence.

BENJAMIN. On y rencontre des esprits infernaux.

JUANA. La croix bénite que nous cherchons les éloignera de notre passage.

BENJAMIN. Oui, je crois, comme vous, que la croix sainte protégera nos efforts.

JUANA. Et si Dieu doit garder le fils qui se dévoue, la vierge Marie priera pour la mère qui veut sauver sa fille. Quel est le chemin ?

BENJAMIN. Il y a au fond de la vallée un précipice dans lequel il faut descendre.

JUANA. Conduisez-moi.

BENJAMIN, *l'entraînant vers le fond*. Venez !

JUANA, *s'arrêtant près de la porte du fond*. Et ma fille !.. Si je ne revenais plus... Partir sans un adieu.

BENJAMIN. Aurez-vous la force de la voir et de vous en séparer aussitôt ?

JUANA, *redescendant la scène*. Oh ! oui ! Je le jure !

BENJAMIN, *allant ouvrir la fenêtre* (1). Elle va venir.

JUANA. Elle va venir... Mais comment lui expliquerez-vous notre départ ?

BENJAMIN. Soyez sans inquiétude... Je connais son héroïsme et son courage.

JUANA. Je vais la voir !.. Juanita !.. Mon enfant, ma Juanita, oh ! je crains déjà que sa vue n'affaiblisse mon courage... Évitons-la... (*Elle monte au fond.*) Venez... (*Voyant entrer Rachel.*) Trop tard !

RACHEL *paraît par la porte latérale*. Je commençais à mourir d'inquiétude. (*Apercevant Benjamin.*) Benjamin !

BENJAMIN. Rachel !

RACHEL (2). Mon frère ! (*Elle court se jeter dans ses bras.*) Toi que je revois, enfin !.. Quelle nouvelle m'apportes-tu, mon ami !.. mon frère !..

BENJAMIN. Tu sais que nous avons toujours espéré qu'un miracle nous rendrait notre père... Sadi vient de m'indiquer le chemin de la délivrance.

RACHEL. Sadi !

BENJAMIN. Je suis venu t'en prévenir et je pars.

RACHEL. Seul.

BENJAMIN. Non, il me faut le secours d'une étrangère (*Désignant Juana*), et cette femme généreuse consent à m'accompagner...

RACHEL. Elle !.. (*Elle va à elle.*) Encore un nouveau dévouement !

JUANA, *avec attendrissement*. C'est un nouveau bonheur, mon enfant !

RACHEL. Vous êtes bonne, vous qui avez pour nous le dévouement d'une mère.

JUANA, *lui tendant les bras*. Oui, et permettez qu'au départ je vous embrasse comme une mère embrasserait sa fille.

RACHEL. Oh ! oui... j'avais besoin de vous serrer sur mon cœur.

JUANA, *l'embrassant avec transport*. Juanita !.. Juanita !..

_____

(1) Benjamin, Juana.
(2) Juana, Rachel, Benjamin.

RACHEL. Quel est ce nom?

JUANA. Je m'égare... Insensée!.. C'est le nom de ma fille.

RACHEL. De la fille que vous espérez retrouver. Oh! si mon père est sauvé, si nous sommes libres, nous la chercherons tous ensemble, et Dieu vous la rendra, j'en suis sûre!

JUANA. Peut-être!.. Adieu!.. Venez, Behjamin.

RACHEL, à Benjamin. Mais où allez-vous?

BENJAMIN. Je ne puis te le dire encore, et ce que je viens demander à ton courage, Rachel, c'est d'avoir confiance en Sadi... c'est de nous attendre avec force et résignation.

RACHEL. Allez où Sadi vous appelle et j'attendrai sans terreur... toujours prête à partager avec vous ou la vie ou la tombe...

JUANA, à part. Il faut mourir ou la sauver... (A Rachel, avec résolution.) Adieu!

RACHEL. Oh! dites au revoir!

JUANA. Oh oui! (L'embrassant encore.) Au revoir!.. au revoir!..

BENJAMIN, l'arrachant des bras de sa fille. Venez, femme!

JUANA, avec égarement. Oui... où êtes-vous?

BENJAMIN. Par ici!

JUANA. Venez!... Allons, que Dieu décide!.. (Ils sortent par le fond.)

SCÈNE II.

RACHEL, seule. Quand t'éclairciras-tu donc, inconcevable mystère?.. Où vont-ils?.. Sans doute l'Arabe a ses projets... (Regardant par la fenêtre.) Mais il vient, je le vois... Oh! je veux aller au-devant de lui... Oui, je vais tout savoir. (Elle sort vivement par la gauche. Le théâtre change.)

FIN DU CINQUIÈME TABLEAU.

SIXIÈME TABLEAU.

Une portion accidentée de la montagne; au fond un gouffre; entrée latérale. — Au premier plan, à droite, derrière cette entrée latérale un morceau de roc d'un mètre de haut, et devant lequel est une pierre sur laquelle on peut s'asseoir; deuxième entrée latérale derrière ce morceau de roc; elle est praticable et monte dans la coulisse; à gauche, deux entrées latérales, l'une au premier plan, l'autre au troisième; à partir du quatrième plan, un gouffre de toute la grandeur du théâtre, un énorme morceau de rocher praticable s'avance à pic sur le gouffre; on peut le gravir à partir du quatrième plan, à droite. — Au fond, panorama de montagne, les sommets sont éclairés par le soleil; tout le reste est dans l'ombre —

SCÈNE PREMIÈRE.

ROLAND, DANIEL.

ROLAND, entrant suivi de Daniel par l'entrée latérale, au deuxième plan, à droite. Arrêtons-nous ici, Daniel, et reposons-nous de notre course infructueuse avant de continuer nos recherches. (Il s'assied sur la pierre, au premier plan, à droite.)

DANIEL. A votre gré, maître.

ROLAND. Et tu me disais donc que ces deux jeunes gens s'aimaient d'amour...

DANIEL. Ils étaient fiancés.

ROLAND. Fiancés!.. Pourvu que l'amour qui conseille les jeunes têtes ne les ait pas conduits à quelque folle résolution... Si ce malheur était arrivé?

DANIEL. Benjamin serait exempt du supplice...

ROLAND. Toujours le supplice présent à ta pensée, malgré toutes mes affirmations...

DANIEL. Mon crime est jugé... Un de mes enfants doit partager mon sort, et vous savez lequel à cette heure...

ROLAND. Tu as donc oublié ce que je t'ai dit lorsque je t'ai fait sortir de ta prison?

DANIEL. Vous m'avez dit qu'après avoir trouvé ma maison déserte, vous aviez besoin de mon aide pour découvrir la retraite de mes enfants.

ROLAND. Seulement la retraite de Rachel, qui n'a plus rien à craindre, puisque nous avons découvert que tu n'es pas son père.

DANIEL. Et vous pensez sans doute que la trace de Rachel vous guidera sur celle de Benjamin?

ROLAND. Et quand cela serait... ne t'ai-je pas dit que ton fils serait protégé?...

DANIEL. Voilà ce que mon cœur ne peut espérer.

ROLAND. De sorte que si tu savais en quel lieu l'un ou l'autre se cache, tu ne l'avouerais pas?

DANIEL. Je n'aurais pas ce courage.

ROLAND, se levant, et à part. Mais que faire pour le rassurer, pour le convaincre? (Il passe à Daniel.) Faut-il donc te nommer celui qui cherche Rachel?..

DANIEL (1). Qui est-il donc?

ROLAND. Son père!

(1) Roland, Daniel.

DANIEL. Son père?

ROLAND. Son père que la bague vient d'instruire.

DANIEL. Mateo le capitaine?

ROLAND. Oui, Mateo.

DANIEL. Il existe?

ROLAND. Mateo qui est puissant à cette heure; lui à qui cette bague a révélé que tu avais secouru et élevé sa fille... Mateo dont je suis l'ami, dont j'ai partagé les inquiétudes et les douleurs.., Mateo qui veut enfin défendre à son tour ceux qui ont protégé son enfant.

DANIEL. L'époux de la pauvre Juana! Oh! vous me trompez peut-être!

ROLAND. Devant Dieu! par saint Jacques et sur le salut de mon âme, moi, Roland, connétable et baron... je jure que je dis ici la vérité.

DANIEL. Ce serment du loyal Roland est pour moi comme une vie nouvelle... et je veux courir à la recherche de mes enfants. Ils ont secouru tant de pauvres isolés dans la montagne qu'ils ont peut-être trouvé chez l'un d'eux quelque secret refuge... Je vais interroger partout...

DANIEL. C'est bien!

ROLAND. Pourvu, Daniel, que les pauvres enfants qui se croyaient condamnés, ne se soient pas tués ensemble!

DANIEL. Non... mes enfants avaient trop de religion pour commettre un tel crime... vous en aurez peut-être bientôt la preuve. (*Il sort au premier plan, à gauche.*)

<hr>

SCÈNE II.

ROLAND, *seul.* Pauvre Daniel! il y a de la vertu dans le cœur de cet homme... et cependant le sorcier l'a touché de sa main maudite! Et Raoul... qu'a-t-il fait?... a-t-il atteint sa fille? Non, il m'en aurait instruit déjà; car il sait que j'ai pris ce chemin. (*Il regarde par la route, au premier plan, à droite.*) Mais n'est-ce pas lui qui vient? Oui... il m'aperçoit... quelle nouvelle m'apporte-t-il?

<hr>

SCÈNE III.

ROLAND, RAOUL.

RAOUL. Roland!..

ROLAND, *allant à lui.* Eh bien, monseigneur, que savez-vous?

RAOUL. Rien encore... Et vous?

ROLAND. Moi? J'ai rendu le courage et l'espoir à Daniel... je compte sur ses efforts.

RAOUL. Moi, je tremble, Roland.

ROLAND. Pourquoi?

RAOUL. Parce que tout à l'heure, il m'a semblé voir passer entre deux rochers, une jeune fille,

conduite par un Arabe... Le chemin était impraticable pour aller droit à eux. J'ai fait un long détour, et je n'ai plus rien vu.

ROLAND. C'était une vision, sans doute.

RAOUL. Peut-être... Oui... je mesure la douleur que j'éprouverais si je perdais mon espérance à l'étendue de mon bonheur, si cette espérance se réalisait... Ma fille! Roland, elle existait hier... près de nous... Oh! pour elle, vois-tu, je donnerais mon comté, mes châteaux... Puissance, gloire et fortune sont les faveurs que le destin capricieux nous accorde... mais une fille, un enfant aimé, c'est un trésor de paix et d'amour. C'est une faveur de la divinité.

ROLAND, *désignant la route au deuxième plan, à droite.* Tenez, maître, en gravissant cette route peut-être apercevrons-nous Daniel au loin, et nous pourrons le suivre ou le joindre.

RAOUL. Essayons, Roland, car je meurs d'inquiétude!

ROLAND. Venez! (*Ils sortent à droite, au deuxième plan.*)

<hr>

SCÈNE IV.

SADI, RACHEL, *endormie.*

(*Sadi entre le premier, en marchant en arrière... Rachel endormie entre à sa suite par le premier plan à droite.*)

SADI. Nous sommes bientôt arrivés, n'est-ce pas?

RACHEL, *endormie.* Oui.

SADI. Vous devez être bien fatiguée... Asseyez-vous ici... et reposez-vous. (*Il désigne la pierre à droite.*)

RACHEL. Vous le voulez?

SADI. Oui... et pour un instant je veux aussi que vos regards et que votre esprit se reposent! (*Elle s'assied, il s'éloigne d'elle.*) Pauvre fille... elle a donc bien souffert! Je ne peux plus dominer son imagination, et fixer sa pensée fugitive... il semble que pour elle la montagne se peuple de fantômes... Tout à l'heure, elle y voyait Daniel, puis des hommes venus du palais de Raoul... Enfin, nous sommes près des cavernes... (*A Rachel.*) Je vais examiner le chemin... Je ne m'éloignerai pas, et je veux que vous soyez sans inquiétude et sans crainte... (*A part.*) Oui, je veux la laisser reposer avant de tenter un dernier et décisif effort. (*Il fait quelques pas en examinant et disparaît par le troisième plan à gauche.*)

<hr>

SCÈNE V.

RACHEL, RAOUL, ROLAND, *puis* SADI.

ROLAND, *rentrant en scène avec Raoul.* Oui... c'était bien lui que nous avons vu... c'était bien

Daniel. Voici le chemin qu'il a pris... Venez. (*S'arrêtant.*) Mais voyez donc cet homme !..

RAOUL, *regardant au dehors.* C'est l'Arabe que j'ai déjà vu... c'est le sorcier, peut-être.., mais je ne vois pas de femme avec lui.

ROLAND. Non, il est seul !

RAOUL. Il vient de ce côté, préparons-nous à lui barrer le passage. (*Ils se placent à droite et à gauche, au fond.*)

SADI, *rentrant.* Nous sommes bien arrivés au lieu que m'indiquait Rachel... ne perdons pas un instant. (*Il va vers elle.*)

RAOUL, *se mettant devant lui* (1). Où vas-tu ?

ROLAND, *de l'autre côté.* Et qui es-tu ?

SADI, *avec effroi.* Mon Dieu !.. (*Rachel se lève.*) Je suis habitant de la montagne et...

RAOUL. Tu mens !

ROLAND. Oui, car je reconnais le sorcier que j'ai vu se désaltérer à la fontaine.

SADI. Perdu !

RAOUL. Mauvais génie de Messine, nous te tenons donc enfin !

RACHEL, *allant à Sadi.* Sadi !...

RAOUL, *surpris.* Une femme !

SADI, *lui tendant la main* (2). Rachel !

RAOUL. Rachel ! c'est le nom dont Daniel appelait ma fille !

SADI, *à part, avec surprise.* Sa fille !

RAOUL. C'est elle, Roland... ces traits, cette ressemblance... je reconnais Juana !

SADI. Juana !.. vous êtes donc Mateo le capitaine ?

RAOUL. Autrefois l'on m'appelait ainsi.

SADI. Et maintenant l'on vous nomme ?

ROLAND. Raoul de Messine.

SADI. Raoul ! (*A Rachel.*) Rachel, Dieu vous rend votre père !

RACHEL. Mon père !

RAOUL, *avec joie.* Mon enfant !.. ma fille !.. (*S'arrêtant tout à coup.*) Mais pourquoi ces yeux fermés... Ce visage immobile... Elle est donc possédée !..

SADI, *passant.* Non pas !.. elle est bénie du ciel, car elle dort du sommeil dont, il y a quinze ans, dormait Juana sa mère, quand elle a vu les assassins qui menaçaient Mateo, son époux.. Vous souvient-il du bon génie de la côte ?

RAOUL. Oui, pourquoi ?

SADI. N'avez-vous jamais trouvé une lettre ?

RAOUL. Qui m'a sauvé des piéges de mes ennemis.

SADI. Cette lettre, Juana l'avait conseillée dans le sommeil.

RAOUL. Et qui l'avait écrite ?

(1) Roland, Sadi, Raoul, Rachel, *assise sur la pierre.*

(2) Roland, Sadi, Rachel, Raoul.

SADI. Moi, qu'on appelle le génie malfaiteur....

RAOUL. Non !.. non !.. car vous m'avez sauvé jadis... Mais achevez votre œuvre... rendez-moi mon enfant... délivrez-la de ce sommeil...

SADI. Pas encore... car ce sommeil arrachera des entrailles de la terre la croix de saint Jacques martyr, que les ennemis de Raoul de Messine ont jetée dans les abîmes.

RAOUL. La croix de Saint-Jacques !

SADI. Et avant d'accomplir ce devoir, Rachel, rassurez et consolez votre père. (*Faisant passer Rachel auprès de Raoul.*) Répondez à sa voix, Sadi le veut ainsi.

RACHEL, *allant à Raoul.* Mon père !

RAOUL, *la prenant dans ses bras et pleurant d'attendrissement.* Juanita !.. mon enfant !.. Tu me vois donc dans ton rêve ?

RACHEL. Je vois vos larmes !

RAOUL. Oui, je pleure... parce qu'en te contemplant je me souviens de ta mère !..

RACHEL, *avec inquiétude.* Ma mère ! ma mère !

RAOUL. Je l'ai perdue bien jeune, ma Juana !... Il ne m'est resté d'elle que cette chaîne de ses beaux cheveux. (*Il lui met dans la main une chaîne de cheveux qu'il porte à son cou.*)

RACHEL, *les prenant.* Les cheveux de ma mère ! pauvre mère... comme elle souffre !

RAOUL. Que dit-elle ?

SADI, *vivement.* Votre mère dont vous avez les cheveux dans la main... est-ce que vous la voyez, Rachel ?

RACHEL. Oui.

SADI. Où donc ?

RACHEL. Perdue dans les cavernes...

SADI. Perdue !.. En êtes-vous sûre ?

RACHEL. Bien sûre !

SADI. Qui l'y a conduite ?

RACHEL. Benjamin.

SADI. Benjamin à qui j'ai confié que la croix de saint Jacques... Mais, où a-t-il donc vu votre mère ?

RACHEL. Dans la cabane !

SADI. Quoi ? cette femme...

RACHEL. C'était elle !..

SADI. Et pour aller à son secours... quel chemin ?

RACHEL. Celui de la croix bénite.

SADI. Est-ce loin ?

RACHEL, *désignant le gouffre de la main.* C'est là !..

SADI. Venez donc !

RAOUL, *en délire et leur barrant le passage.* Non !.. arrêtez ! Juana est morte depuis longtemps... c'est une vision folle, c'est un défi d'enfer... J'ai retrouvé ma fille et je ne veux pas qu'elle meure en poursuivant une ombre insaisissable... je ne le veux pas !

SADI, *allant à lui.* Et je le veux, moi qu'il faudrait tuer pour arrêter Rachel !

RAOUL, *tirant son épée.* Eh bien ! donc !.. puisqu'il le faut !..

RACHEL, *chancelant pousse un cri.* Ah !

ROLAND, *la soutenant.* Rachel !..

SADI, *à Raoul.* Mais le coup qui me tuerait... la tuerait aussi !..

RAOUL, *laissant tomber son épée.* Grâce ! grâce !.. Pardonnez à mon délire... Qu'elle vive ! qu'elle vive !.. (*Rachel se rassure et sourit.*)

SADI. A Juana, Rachel ! (*Rachel se dirige vers le gouffre.*)

RAOUL, *à Sadi.* Oh !.. laissez-moi du moins la suivre.

SADI. Non !!. trop d'émotions pourraient tuer votre fille...

RAOUL. La tuer !

SADI. Force et patience ! monseigneur...

RAOUL, *résigné.* J'attendrai !..

(*Sadi marche à la suite de Rachel; ils gravissent ensemble le rocher qui est suspendu sur l'abîme; arrivés au bout, Sadi ne peut contenir un geste d'épouvante; une pierre se détache sous les pas de Rachel, et tombe dans le gouffre, Rachel descend sans chanceler, Sadi la suit en se cramponnant au rocher et tout deux disparaissent.*)

RAOUL, *se rapprochant avec terreur de Roland.* Oh ! Roland !.. que va-t-il advenir...

SCÈNE VI.

TALBOT, ROLAND, RAOUL.

(*Le capitaine Talbot entre rapidement par la gauche au premier plan accompagné de deux gardes qui portent des torches.*)

TALBOT, *à Roland.* Connétable !.. (*Voyant Raoul.*) Et vous, monseigneur... après m'être aperçu de la disparition de Daniel le prisonnier... nous sommes accourus ici, décidés à explorer tous les chemins de la montagne même les plus obscurs, et nous venons d'arrêter Daniel; je l'ai laissé près d'ici avec quelques uns des nôtres, et j'ai cru devoir vous prévenir.

ROLAND. C'est moi qui ai secrètement amené Daniel ici... Il est libre... (*A Raoul.*) Et je vais l'instruire, monseigneur. (*Ici, la nuit progresse.*)

RAOUL. Oui, allez, connétable... (*Roland sort à gauche.*) Et vous aussi, capitaine, je désire être seul.

TALBOT. Je me retire, monseigneur, mais je dois vous dire que j'ai rencontré près d'ici les deux pèlerins venus de Rome.

RAOUL, Près d'ici ?

TALBOT. Oui, ils vous cherchaient... On sait à Messine que vous avez pris le chemin de la montagne, et l'un de ces pèlerins veut vous voir pour prendre congé de vous.

RAOUL. Il veut partir ?

TALBOT. Il vient de recevoir un message du Saint-Père, qui le rappelle à Rome.

RAOUL. Il faut qu'il retarde d'un jour son départ... Je ne veux pas qu'il aille publier à Rome que la protection divine attachée à la croix de saint Jacques s'est à jamais retirée de Raoul... Tâchez, capitaine, de rencontrer ce pèlerin.

TALBOT. Il nous suivait tout-à-l'heure... et je suis certain... que... mais, oui... je le vois...

RAOUL, *regardant.* En effet... dirigez-le vers moi, et qu'on me laisse une lumière... (*Un des gardes va poser la torche allumée sur le morceau de roc, à droite.*) Allez, capitaine, et vous irez rejoindre le connétable...

TALBOT. Bien, monseigneur. (*Il sort à gauche, avec les deux gardes.*)

RAOUL. Non, je ne veux pas que ces pèlerins puissent raconter à Rome un malheur qui, j'ose l'espérer, n'existera bientôt plus... (*Montant au fond, avec inquiétude.*) Que se passe-t-il maintenant au fond de ce gouffre. (*Il reste pensif au fond.*)

SCÈNE VII.

RAOUL, CARROUGES.

CARROUGES *entre lentement par la gauche, au premier plan.* Le voici !.. Il me fait appeler lui-même, et je me trouve enfin seul avec lui... Il a l'air accablé... Il a sans doute appris la mort de Rachel.

RAOUL, *l'apercevant.* Ah !... (*Il descend vers Carrouges.*) Est-il vrai, mon frère, que vous voulez nous quitter ?...

CARROUGES. L'ordre est pressant et formel... Bon serviteur doit obéir !

RAOUL. Un jour seulement !..

CARROUGES. Je serais coupable si j'y consentais.

RAOUL, *regardant toujours vers le gouffre.* Un jour, mon frère, je vous en supplie !...

CARROUGES, *à part.* Comme il est agité !..

RAOUL. Un seul jour... et, demain, vous saurez bien des choses... si le ciel achève son miracle...

CARROUGES. Son miracle ?..

RAOUL, *à demi-voix.* Oui, mon frère, et je puis vous le dire en confidence... la croix sainte... la croix que j'ai perdue...

CARROUGES. Eh bien ?

RAOUL. J'espère la retrouver...

CARROUGES. La croix ?

RAOUL. Je sais que des infâmes qui s'en étaient emparés l'ont jetée dans un gouffre de la montagne.

CARROUGES. Vous savez ?

RAOUL. Oui... mais, n'entendez-vous pas comme des voix qui parlent dans cet abîme ?

Carrouges. Non... Je n'entends rien. (*Raoul inquiet va regarder. A part.*) Est-ce qu'une invisible puissance lutte encore contre moi!.. J'ai peur!..

Raoul, *revenant.* C'est mon imagination, sans doute... si vous saviez la cause de mon inquiétude.

Carrouges, *à part.* Ne tardons plus... Je perdrais mon courage. (*Il prend la lettre empoisonnée dans la petite boîte qui la contient.*)

Raoul. Vous attendriez jusqu'à demain, mon frère?

Carrouges. Je ne le pourrais, maître.

Raoul. Quel est donc l'impérieux motif?...

Carrouges. Tenez, mon frère, il vous suffira de lire quelques lignes écrites dans cette lettre pour en être instruit. (*Rachel endormie et Ben Sadi reparaissent sortant de l'abîme.*)

Raoul. Cette lettre... donnez, mon frère. (*Il la prend.*)

Carrouges, *à part.* Il est perdu! (*Raoul, pensif, examine la lettre. Avec inquiétude.*) S'il allait refuser de l'ouvrir...

Raoul. Que peut contenir cette lettre..Voyons.. (*Il s'apprête à l'ouvrir.*)

Carrouges. Enfin! (*Rachel qui est arrivée avec émotion jusqu'auprès de son père, lui arrachant la lettre des mains.*) Mon père!..

SCÈNE VIII.

CARROUGES, SADI, RAOUL.

Raoul, *surpris.* Ma fille!

Carrouges, *avec terreur.* Rachel! (*Rachel approche la lettre de la torche allumée. — La lettre fait une légère explosion et s'évapore.*)

Raoul. Mais que veut dire ce nouveau prodige?

Sadi, *qui est resté au fond.* Cela veut dire que Rachel a vu dans le sommeil le danger de son père, et qu'elle vient d'arracher de ses mains une lettre empoisonnée.

Raoul. Empoisonnée!

Carrouges. Enfer!.. (*Examinant Rachel.*) Tu animes donc les ombres...

Sadi. Ce n'est pas l'ombre de Rachel qui t'accuse, c'est Rachel endormie du sommeil magique, dont tu l'accablais hier... C'est Rachel, douée de cette double vue, qui pénètre les secrets, et qui a révélé tous les tiens.

Carrouges, *en délire.* Malheur à moi!.. Quelqu'un!.. Qu'on me donne une épée!.. Taillefer!..

SCÈNE IX.

LES MÊMES, ROLAND, GARDES, TALBOT, DANIEL.

Roland, *entrant avec les gardes par le troisième plan à gauche.* Taillefer est prisonnier, sire de Carrouges.

Raoul. Carrouges!

Carrouges, *en délire, arrachant son frac de pèlerin.* Eh bien, oui, Carrouges! conduit par le démon jusqu'au palais de Messine..(*Avec terreur.*) Pour mourir à Messine...

Roland, *désignant Carrouges.* Gardes, voici le sorcier maudit!.. A Messine! (*Les gardes entourent Carrouges.*)

Carrouges, *à part.* O science d'Orient! tu me sauveras au moins du bûcher. (*Il sort avec les gardes et Talbot par la gauche au premier plan.*)

Raoul, *qui l'a suivi des yeux.* Délivré de lui par ma fille... Mais Juana, ma femme!

Sadi, *désignant Juana qui vient de sortir de l'abîme avec Benjamin par le même chemin que Rachel.* Dieu vous la rend aussi, monseigneur.

Raoul. Juana!

Juana. Mateo.

Raoul. Ma Juana! (*Juana tombe dans ses bras. — Avec extase.*) Sauvée aussi! (*Benjamin va donner la main à Daniel qui se tient à gauche.*)

Juana, *lui donnant la croix.* Cette croix sainte ne devait-elle pas nous protéger?

Raoul. La croix de Saint-Jacques! et c'est Juana qui me la rapporte.

Juana, *regardant Rachel que Sadi a fait asseoir sur la pierre à droite pendant la scène de Carrouges.* Et notre fille...

Sadi. Elle doit rouvrir les yeux, maintenant que le bonheur l'attend au réveil, mais son premier soin sera de chercher Daniel et Benjamin... Qu'elle voie alors son père au milieu d'eux.

Raoul, *se met entre Daniel et Benjamin et leur prenant la main (1).* Oui, tous les trois ainsi.

Sadi. Et vous, Juana?..

Juana, *l'interrompant.* Moi, je vais m'agenouiller près d'elle, et ne soyez pas jaloux si la pauvre mère demande à Dieu que le premier regard de sa fille soit pour elle. (*Elle s'agenouille, Sadi s'approche de Rachel pour la réveiller.*)

(*Le rideau tombe.*)

(1) Roland, Daniel, Raoul, Benjamin, Sadi, Rachel.

FIN.

IMPRIMERIE HYDRAULIQUE DE VIALAT ET Cᵉ, A LAGNY.

EN VENTE CHEZ LE MÊME ÉDITEUR :

Colonne 1

- L'Aïeule. 75
- Un Monstre de Femme. 40
- La Jeunesse de Charles-Quint. 60
- Le Vicomte de Létorières. 60
- Les Fées de Paris. 50
- Pour mon Fils. 50
- Lucienne. 40
- Les Jolies Filles de Silberg. 40
- L'Enfant de Chœur. 40
- Le Grand Paladin. 60
- La Tante mal Gardée. 40
- Les Circonstances atténuantes. 40
- La Chasse aux Vautours. 40
- Les Batignollaises. 40
- Une Femme sous les Scellés. 40
- Les Aides de Camp. 60
- Le Mari à l'essai. 50
- Chez un Garçon. 40
- Jockey's-Club. 40
- Mérovée. 40
- Les deux Couronnes. 60
- Au Croissant d'Argent. 50
- Le Château de la Roche-Noire. 40
- Mon illustre Ami. 50
- Le premier Chapitre. 40
- Talma en congé. 40
- L'Omelette Fantastique. 50
- La Dragonne. 40
- La Sœur de la Reine. 60
- La Vendetta. 50
- Le Poste. 50
- La Maîtresse anonyme. 50
- Les Informations Conjugales. 50
- Le Loup dans la Bergerie. 50
- L'Hôtel de Rambouillet. 60
- Les deux Impératrices. 60
- La Caisse d'Épargne. 50
- Thomas le Rageur. 50
- Derrière l'Alcôve. 40
- La Villa Duflot. 50
- Péroline. 50
- La Femme à la Mode. 40
- Les égarements d'une Canne et d'un Parapluie. 60
- Les deux Ânes. 30
- Foliquet, coiffeur de Dames. 40
- L'Anneau d'Argent. 40
- Recette contre l'Embonpoint. 50
- Don Pascale. 40
- Mademoiselle Déjazet au Sérail. 40
- Touboulie le Cruel. 40
- Hermance. 50
- Les Canots. 50
- Entre Ciel et Terre. 40
- La Fille de Figaro. 50
- Métier et Quenouille. 50
- Angélique et Médor. 50
- Loïsa. 60
- Jocrisse en Famille. 50
- L'autre Part du Diable. 50
- La Chasse aux Belles Filles. 50
- La Salle d'Armes. 50
- Une Femme compromise. 60
- Patineau. 50
- Madame Roland. 60
- L'Esclave du Campéas. 50
- Les Réparations. 50
- Mariage du Gamin de Paris. 50
- Veille du Mariage. 40
- Paris bloqué. 60
- Un Ménage Parisien.
- La Bonbonnière. 50
- Adrien. 60
- Pierre le Millionnaire. 60
- Carlo et Carlin. 60
- Le Moyen le plus sûr. 50
- Le Papillon Jaune et Bleu. 50
- Polka en Province. 50
- Une Séparation. 40
- Le roi Dagobert. 50
- Frère Galfâtre. 50
- Nicaise à Paris. 40
- Le Troubadour-Omnibus. 50
- Un Mystère. 50
- Le Billet de faire-part. 60
- Pulcinella. 60
- Fiorina. 60
- La Sainte-Cécile. 60
- Follette. 50

Colonne 2

- Deux Filles à Marier. 55
- Monseigneur. 60
- À la Belle Étoile. 50
- Un Ange tutélaire. 60
- Un Jour de Liberté. 50
- Wallace. 50
- L'Écolier d'Oxford. 50
- L'Oiseau du Bocage. 40
- Paris à tous les Diables. 50
- Une Averse. 50
- Madame de Gériny. 60
- Le Fiacre et le Parapluie. 50
- Morale en action. 40
- Liberté Libertas. 50
- L'Île du Prince Toutou. 40
- Mimi Pinson. 50
- L'Article 170. 50
- Les deux Viveurs. 60
- Les deux Pierrots. 50
- Seigneur des Broussailles. 50
- Un Poisson d'Avril. 50
- Deux Tambours. 50
- Constant la Girouette. 40
- L'Amour dans tous les Quartiers. 50
- Madame Bugolin. 50
- Petit Poucet. 60
- Camoëns. 50
- Escadron Volant. 50
- Le Lansquenet. 50
- Une Voix. 50
- Agnès Bernau. 60
- Amours de M. Denis. 50
- Poribos. 50
- La Pêche aux Beaux-Pères. 60
- Révolte des Marmousels. 40
- Le Troisième Mari. 50
- Un Premier Souper. 50
- L'Homme à la Mode. 60
- Une Confidence. 60
- Le Ménétrier. 60
- L'Almanach des 25,000 Adresses. 60
- Une Histoire de Voleurs. 50
- Les Murs ont des Oreilles. 60
- L'Enseignement Mutuel. 60
- Le Charbonnière. 60
- Le Code des Femmes. 50
- On demande des Professeurs. 50
- Le Pot aux Roses. 50
- La Grande et les Petites Bourses.
- L'Enfant de la Maison. 50
- Riche d'Amour. 60
- La Comtesse de Moranges. 60
- L'Amazone. 50
- La Gloire et le Pot-au-Feu. 50
- Les Pommes de terre malades. 60
- Le Marchand de Marrons. 60
- V'là ce qui vient d'paraître. 60
- La Loi salique. 66
- Nuage au Ciel. 50
- L'Eau et le Feu. 50
- Beaugaillard. 50
- Mardi Gras. 40
- Le Retour du Conscrit. 60
- Le Mari perdu. 60
- Dieux de l'Olympe. 60
- Le Carillon de Saint-Mandé. 60
- Geneviève. 60
- Mademoiselle ma Femme. 60
- Mal du Pays. 50
- Mort civilement. 50
- Veuve de quinze ans. 50
- Garde-Malade. 50
- Fruit défendu. 60
- Un Cœur de Grand'Mère. 50
- Nouvelle Clarisse. 50
- Place Ventadour. 50
- Nicolas Poulet. 40
- Roch et Lue. 50
- La Protégée dans le savoir. 50
- Une Fille Terrible. 40
- La Planète à Paris. 50
- L'Homme qui se cherche. 50
- Maître Jean, ou la Comédie à la Cour. 60
- Ne touchez pas à la Reine. 60
- Une année à Paris. 60
- Amour et Bibéron. 50

Colonne 3

- En Carnaval. 50
- Bal et Bastringue. 60
- Un Bouillon d'onze heures. 50
- Cour de Biberack. 50
- D'Aranda. 60
- Partie à Trois. 60
- Une Femme qui se jette par la fenêtre. 40
- Avocat Pédicure. 60
- Trois Paysans. 50
- Chasse aux Jobards. 60
- Mademoiselle Grabulot. 50
- Père d'occasion. 50
- Croquignole. 50
- Henriette et Charlot. 40
- Le Chevalier de Saint-Rémy. 50
- Malheureux comme un Nègre. 50
- Un Vœu de jeune Fille. 60
- Secours contre l'Incendie. 50
- Chapeau Gris. 50
- Sans Dot. 50
- La Syrène du Luxembourg. 50
- Homme Sanguin. 40
- La Fille obéissante.
- O'né. 60
- La Croisée de Berthe. 50
- La Filleule à Nicol. 60
- Les Charpentiers. 60
- Mademoiselle Faribole. 50
- Un Cheveu Blond. 50
- La Recherche de l'Inconnu. 50
- Les Impressions de Ménage. 60
- L'Homme aux 160 Millions. 55
- Pierrot Posthume. 50
- La Décase. 60
- Une Existence décolorée. 40
- Elles... ou la Mort! 50
- Didier l'honnête Homme. 50
- L'Enfant de quelqu'un. 60
- Les Chroniques bretonnes. 50
- Haydée ou le Secret. 60
- L'Art de ne pas donner d'Étrennes. 60
- Le Puff. 50
- La Tireuse de Cartes. 60
- La Nuit de Noël. 60
- Christophe le Cordier. 60
- La Rose de Provins. 50
- Les Barricades de 1848. 50
- 34 Francs! ou sinon!.. 50
- La Fille du Matelot.
- Les deux Pommades. 50
- La Femme blâsée. 50
- Les Filles de la Liberté. 60
- Hercule Belhomme. 60
- Don Quichotte. 50
- L'Académicien de Pontoise. 50
- Ah! Enfin! 60
- La Marquise d'Aubray. 60
- Le Gentilhomme campagnard. 60
- Les Peureux. 60
- Le Chevalier de Beauvoisin. 50
- Le Gentilhomme de 1547. 50
- La Rue Quincampoix. 50
- L'Ange de ma Tante. 40
- La République de Platon. 60
- Le Club Champenois. 60
- Le Club des Maris. 60
- Oscar XXVIII. 50
- Une Chaîne Anglaise. 60
- Un Petit de la Mobile. 50
- Histoire de rire. 50
- Les 20 sous de Périnette. 50
- Le Serpent de la Paroisse. 50
- Agénor le Dangereux. 50
- L'Avenir dans le Passé. 40
- Roger Bontemps. 50
- L'Été de la Saint-Martin. 60
- Jeanne la Folle. 60
- Les suites d'un Feu d'Artifice. 50
- O Amitié!... ou les trois Époques. 50
- La Propriété, c'est le Vol. 50
- la Poule aux Œufs d'Or. 50
- Élevés ensemble.
- L'Hôtellerie de Genève.
- À bas la Famille ou les Banquets. 60
- Daniel.
- Jacques Maugars ou les Contrebandiers du Jura. 50

Colonne 4

- Le Voyage de D... 50
- Titine à la Cour. 50
- Le baron de Gasté... 40
- Madame Marnesse. 50
- Un Gendre aux Épinards. 60
- Madame veuve Larue. 50
- La Reine d'Yvetot.
- Les Manchettes d'un Village. 60
- Le Duel aux Mauviettes. 50
- Les Filles du Docteur. 50
- Un Turc pris dans une porte. 50
- Les Grenouilles. 50
- Ce qui manque aux Grisettes. 50
- La Poésie des Amours et... 50
- Les Viveurs de la Mi-... 50
- Un Troupier dans les ...tures. 60
- Ma Tabatière, ou comment on arrive. 50
- Gracioso, ou le Père embarrassant. 50
- E. H. 50
- Trompe-la-Balle. 50
- Un Vendredi. 50
- Le Gibier du Roi. 50
- Bréda-Street, ou on ... déchu. 50
- Adrienne Lecouvreur. 50
- Sans le Vouloir. 50
- Les Femmes saucialistes. 60
- Le Mobilier de Bamboche. 60
- Les Beautés de la Cour. 50
- La Famille. 60
- L'hurluberlu. 50
- Un Cheveu. 60
- L'Âne à Baptiste ou le ...ceau du Socialisme. 50
- Les Prodigalités de Berthier. 60
- Les Bourgeois des Métiers. 60
- La Graine de Moutarde. 50
- Les Faubourgs de Paris.
- La Montagne qui accouche.
- Le Juif-Errant. 50
- Adrienne de Garqueville.
- Un Socialiste en province. 50
- Le Mari de la Cruche.
- Une Femme qui a un ... de bois. 50
- Mauricette. 40
- Une Semaine à Londres. 50
- Le Cauchemar du propriétaire. 60
- Le Marquis de Carabas. 50
- La Ligue des Amants. 50
- Les Sept Billets. 60
- Phœbus et Borée. 50
- Passe-temps de Duchesse. 50
- Les Cascades de Saint-... 50
- Lorettes et Gredins. 60
- Œil et Nez. 50
- Les Compatriotes. 40
- Un Tigre du Bengale. 50
- La Femme à deux Maris. 60
- Le Congrès de la Paix. 60
- Les Représentants en ... 50
- Les Grands Échotiers. 50
- Un Intérieur consolant! 50
- Le Moulin Joli. 60
- la Rue de l'Homme ... 60
- La Fée aux Roses. 60
- Babet. 50
- Un Lièvre en ... 50
- Evelyne. 50
- Trumeau. 60
- Mademoiselle Carillon. 50
- L'Héritier du Czar. 50
- Rhum.
- Les Associés.
- Les Fredaines de T... 50
- Les Partageux.
- Daphnis et Chloé. 60
- Malbrancha. 60
- La fin d'une République. 60

LAGNY. — Imprimerie de VIALAT et Cie.

www.ingramcontent.com/pod-product-compliance
Lightning Source LLC
Chambersburg PA
CBHW061559080726
47597CB00005BA/2025